三聯學術

"地生人"与雅典民主

颜　荻　著

Classics & Civilization

生活·讀書·新知　三联书店

图书在版编目（CIP）数据

"地生人"与雅典民主／颜荻著. 一北京：
生活·读书·新知三联书店，2022.4
（古典与文明）
ISBN 978 – 7 – 108 – 06698 – 5

Ⅰ．①地…　Ⅱ．①颜…　Ⅲ．①政治思想史－古希腊
Ⅳ．① D091.2

中国版本图书馆 CIP 数据核字（2019）第 181890 号

责任编辑　冯金红
装帧设计　薛　宇
责任印制　宋　家
出版发行　**生活·讀書·新知** 三联书店
　　　　　（北京市东城区美术馆东街 22 号　100010）
网　　址　www.sdxjpc.com
经　　销　新华书店
印　　刷　三河市天润建兴印务有限公司
版　　次　2022 年 4 月北京第 1 版
　　　　　2022 年 4 月北京第 1 次印刷
开　　本　880 毫米 × 1092 毫米　1/32　印张 6.5
字　　数　130 千字
印　　数　0,001－3,000 册
定　　价　59.00 元
（印装查询：01064002715；邮购查询：01084010542）

"古典与文明"丛书
总 序

甘阳 吴飞

  古典学不是古董学。古典学的生命力植根于历史文明的生长中。进入 21 世纪以来,中国学界对古典教育与古典研究的兴趣日增并非偶然,而是中国学人走向文明自觉的表现。

  西方古典学的学科建设,是在 19 世纪的德国才得到实现的。但任何一本写西方古典学历史的书,都不会从那个时候才开始写,而是至少从文艺复兴时期开始,甚至一直追溯到希腊化时代乃至古典希腊本身。正如维拉莫威兹所说,西方古典学的本质和意义,在于面对希腊罗马文明,为西方文明注入新的活力。中世纪后期和文艺复兴对西方古典文明的重新发现,是西方文明复兴的前奏。维吉尔之于但丁,罗马共和之于马基雅维利,亚里士多德之于博丹,修昔底德之于霍布斯,希腊科学之于近代科学,都提供了最根本的思考之源。对古代哲学、文学、历史、艺术、科学的大规模而深入的研究,为现代西方文明的思想先驱提供了丰富的资源,使他们获得了思考的动力。可以说,那个时期的古典学术,就是现代西方文明的土壤。数百年古典学术的积累,是现代西方文明的命脉所系。19世纪的古典学科建置，只不过是这一过程的结果。随着现代研究性大学和学科规范的确立，一门规则严谨的古典学学科应运而生。但我们必须看到，西方大学古典学学科的真正基础，乃在于古典教育在中学的普及，特别是拉丁语和古希腊语曾长期为欧洲中学必修，才可能为大学古典学的高深研究源源不断地提供人才。

19世纪古典学的发展不仅在德国而且在整个欧洲都带动了新的一轮文明思考。例如，梅因的《古代法》、巴霍芬的《母权论》、古朗士的《古代城邦》等，都是从古典文明研究出发，给哲学、文献、法学、政治学、历史学、社会学、人类学等领域带来了革命性的影响。尼采的思考也正是这一潮流的产物。20世纪以来弗洛伊德、海德格尔、施特劳斯、福柯等人的思想，无不与他们对古典文明的再思考有关。而20世纪末西方的道德思考重新返回亚里士多德与古典美德伦理学，更显示古典文明始终是现代西方人思考其自身处境的源头。可以说，现代西方文明的每一次自我修正，都离不开对古典文明的深入发掘。正是在这个意义上，古典学绝不仅仅是象牙塔中的诸多学科之一而已。

由此，中国学界发展古典学的目的，也绝非仅仅是为学科而学科，更不是以顶礼膜拜的幼稚心态去简单复制一个英美式的古典学科。晚近十余年来"古典学热"的深刻意义在于，中国学者正在克服以往仅从单线发展的现代性来理解西方文明的偏颇，而日益走向考察西方文明的源头来重新思考古今中西的复杂问题。更重要的是，中国学界现在已经超越了"五四"以来全面反传统的心态惯习，正在以最大的敬意重新认识中国文明的古典源头。对中外古典的重视意味着现代中国思想界的逐渐成熟和从容，意味着中国学者已经能够从更纵深的视野思考世界文明。正因为如此，我们在高度重视西方古典学丰厚成果的同时，也要看到它的局限性和多元性。所谓局限性是指，英美大学的古典学系传统上大多只研究古希腊罗马，而其他古典文明研究如亚述学、埃及学、波斯学、印度学、汉学以及犹太学等，则被排除在古典学系以外而被看作所谓东方学等等。这样的学科划分绝非天经地义，因为法国和意大利等的现代古典学就与英美有所不同。例如，著名的西方古典学重镇，韦尔南创立的法国"古代社会比较研究中心"，不仅是古希腊研究的重镇，而且广泛包括埃及学、亚述学、汉学乃至非洲学等各方面专家，在空间上大大突破了古希腊罗马的范围。而意大利的古典学研究，则由于意大利历史的特殊性，往往在时间上不完全局限于古希腊罗马的时段，而与中世纪及文艺复兴研究多有关联（即使在英美，由于晚近以来所谓"接受研究"成为古典学的显学，也使得古典学的研究边界越来越超出传统的古希腊罗马时期）。

从长远看，中国古典学的未来发展在空间意识上更应参考法国古典学，不仅要研究古希腊罗马，同样也应包括其他的古典文明传统，如此方能参详比较，对全人类的古典文明有更深刻的认识。而在时间意识上，由于中国自身古典学传统的源远流长，更不宜局限于某个历史时期，而应从中国古典学的固有传统出发确定其内在核心。我们应该看到，古典中国的命运与古典西方的命运截然不同。与古希腊文字和典籍在欧洲被遗忘上千年的文明中断相比较，秦火对古代典籍的摧残并未造成中国古典文明的长期中断。汉代对古代典籍的挖掘与整理，对古代文字与制度的考证和辨识，为新兴的政治社会制度灌注了古典的文明精神，堪称"中国古典学的奠基时代"。以今古文经书以及贾逵、马融、卢植、郑玄、服虔、何休、王肃等人的经注为主干，包括司马迁对古史的整理、刘向父子编辑整理的大量子学和其他文献，奠定了一个有着丰富内涵的中国古典学体系。而今古文之间的争论，不同诠释传统之间的较量，乃至学术与政治之间错综复杂的关系，都是古典学术传统的丰富性和内在张力的体现。没有这样一个古典学传统，我们就无法理解自秦汉至隋唐的辉煌文明。

从晚唐到两宋，无论政治图景、社会结构，还是文化格局，都发生了重大变化，旧有的文化和社会模式已然式微，中国社会面临新的文明危机，于是开启了新一轮的古典学重建。首先以古文运动开端，然后是大量新的经解，随后又有士大夫群体仿照古典的模式建立义田、乡约、祠堂，出现了以《周礼》为蓝本的轰轰烈烈的变法；更有众多大师努力诠释新的义理体系和修身模式，理学一脉逐渐展现出强大的生命力，最终胜出，成为其后数百年新的文明模式。称之为"中国的第二次古典学时代"，或不为过。这次古典重建与汉代那次虽有诸多不同，但同样离不开对三代经典的重新诠释和整理，其结果是一方面确定了十三经体系，另一方面将"四书"立为新的经典。朱子除了为"四书"做章句之外，还对《周易》《诗经》《仪礼》《楚辞》等先秦文献做出了新的诠释，开创了一个新的解释传统，并按照这种诠释编辑《家礼》，使这种新的文明理解落实到了社会生活当中。可以看到，宋明之间的文明架构，仍然是建立在对古典思想的重新诠释上。

在明末清初的大变局之后，清代开始了新的古典学重建，或可称为"中国的第三次古典学时代"：无论清初诸遗老，还是乾嘉盛时的各位大师，虽然学问做法未必相同，但都以重新理解三代为目标，以汉宋两大古典学传统的异同为入手点。在辨别真伪、考索音训、追溯典章等各方面，清代都取得了巨大的成就，不仅成为几千年传统学术的一大总结，而且可以说确立了中国古典学研究的基本规范。前代习以为常的望文生义之说，经过清人的梳理之后，已经很难再成为严肃的学术话题；对于清人判为伪书的典籍，诚然有争论的空间，但若提不出强有力的理由，就很难再被随意使用。在这些方面，清代古典学与西方19世纪德国古典学的工作性质有惊人的相似之处。清人对《尚书》《周易》《诗经》《三礼》《春秋》等经籍的研究，对《庄子》《墨子》《荀子》《韩非子》《春秋繁露》等书的整理，在文字学、音韵学、版本目录学等方面的成就，都是后人无法绕开的，更何况《四库全书总目提要》成为古代学术的总纲。而民国以后的古典研究，基本是清人工作的延续和发展。

我们不妨说，汉、宋两大古典学传统为中国的古典学研究提供了范例，清人的古典学成就则确立了中国古典学的基本规范。中国今日及今后的古典学研究，自当首先以自觉继承中国"三次古典学时代"的传统和成就为己任，同时汲取现代学术的成果，并与西方古典学等参照比较，以期推陈出新。这里有必要强调，任何把古典学封闭化甚至神秘化的倾向都无助于古典学的发展。古典学固然以"语文学"（philology）的训练为基础，但古典学研究的问题意识、路径以及方法等，往往并非来自古典学内部，而是来自外部，晚近数十年来西方古典学早已被女性主义等各种外部来的学术思想和方法所渗透占领，仅仅是最新的例证而已。历史地看，无论中国还是西方，所谓考据与义理的张力其实是古典学的常态甚至是其内在动力。古典学研究一方面必须以扎实的语文学训练为基础，但另一方面，古典学的发展和新问题的提出总是与时代的大问题相关，总是指向更大的义理问题，指向对古典文明提出新的解释和开展。

中国今日正在走向重建古典学的第四个历史新阶段，中国的文明复兴需要对中国和世界的古典文明做出新的理解和解释。客观地说，这一轮古典学的兴起首先是由引进西方古典学带动的，刘小枫和甘阳教授主编的"经典与解释"丛书在短短十五年间（2000—2015）出版了三百五十余种重要译著，为中国学界了解西方古典学奠定了基础，同时也为发掘中国自身的古典学传统提供了参照。但我们必须看到，自清末民初以来虽然古典学的研究仍有延续，但古典教育则因为全盘反传统的笼罩而几乎全面中断，以致今日中国的古典学基础以及整体人文学术基础仍然相当薄弱。在西方古典学和其他古典文明研究方面，国内的积累更是薄弱，一切都只是刚刚起步而已。因此，今日推动古典学发展的当务之急，首在大力推动古典教育的发展，只有当整个社会特别是中国大学都自觉地把古典教育作为人格培养和文明复兴的基础，中国的古典学高深研究方能植根于中国文明的土壤之中并生生不息茁壮成长。这套"古典与文明"丛书愿与中国的古典教育和古典研究同步成长！

2017 年 6 月 1 日于北京

目　录

Αὐτόχθων（"地生人"）问题的缘起

　　人从何而来？这或许是有关人本身最有趣也最困难的问题之一。在西方文明中，基督教《圣经》创世的故事几乎家喻户晓。但是，在西方文明另一源头的古希腊，人类起源问题却可以呈现出完全不同的版本。古希腊的起源神话令人惊讶地告诉我们：人是由大地而生。换言之，不是神，也不是女人，而是大地直接生育了希腊人。希腊人称这一大地生育方式为 αὐτόχθων："地生人"。

　　Αὐτόχθων 一词在词源上由 αὐτο- 和 -χθων 组成，前缀 αὐτό 意为"自己""自动地"，而词根 χθων 为"土地"，其名词 χθόνιος 意指"土地人"。因而 αὐτόχθων 意为"从土地里自己生出来"，其名词复数形式 αὐτόχθονες 则引申为"非移居的、土著的、本地的人"。"地生人"一词表示着一种自成性，亦即人的出生是大地的（而非人为的）纯自然过程。"大地"或"土地"在希腊语里有多种表达方式：ἐπικράτεια 强调领土概念（territory），γῆ 强调大地的整体性（earth，其大写字母的衍生形式 Γαῖα 即为希腊神话中的地母"盖亚"），而 χώμα 则强调土地播育种子与植物生长的特性（soil）。Αὐτόχθων（"地生人"）在不同语境中含有上述不同的三种含义，在城邦政治背景下又尤其偏重第三种含义。[1]

　　"地生人"在古希腊世界中十分流行。其神话出现在古希腊许多城邦的起源故事中（最为典型的是雅典和忒拜）[2]，这个概念更见于几乎所有的古希腊早期重要文献，如荷马史诗、希罗多德与修昔底德的历史、古希腊悲剧与喜剧（如欧里庇得斯的《伊翁》《酒神的伴侣》以及阿里斯托芬的《吕西斯忒拉忒》）、柏拉图的对话（如《理想国》、《政治家篇》、《会饮篇》及《美涅克塞努篇》等），以及吕西阿斯（Lysias）的葬礼演说与德摩斯梯尼（Demosthenes）的"辩词"等。除了这些书写文本以外，"地生人"神话同样频繁出现在雅典卫城神庙的浮雕以及雅典人的节庆祭拜活动中：在狄奥尼索斯节的剧场，悲喜剧的上演不断地重复着这一起源神话，而在卫城脚下的广场上，政治演说家又在公共葬礼中不断向在场的公民们宣扬这一起源叙事。所有这些，都使"地生人"神话成为希腊人特别是雅典人在古典时期的普遍共识。跟随"地生人"的足迹，我们几乎可以探访到彼时雅典世界的全景——神话、社会、政治、宗教、历史、文学、哲学。毫不夸张地说，"地生人"神话是希腊人特别是雅典人的集体记忆，也是其政治、文化乃至生命之根。它对雅典这个"想象共同体"的形成具有奠基性作用。正如柏拉

---

〔1〕　关于 αὐτόχθων 的词源学研究，参见 Rosivach（1987）以及 Roy（2014）。

〔2〕　忒拜在"地生人"的话语建构上一直是雅典的劲敌，它衍生出一个不同于雅典的版本：忒拜的建造者是龙牙种在地上生出来的，而非赫菲斯托斯的精液所致（雅典版本）。参见第二章脚注〔2〕。

图在《理想国》中深刻指出的："地生人"的故事虽然是神话和虚假的谎言，却是雅典城邦政治生活中不可或缺的"高贵的谎言"（γενναῖον ψεῦδος）。[3]

在西方古典学领域中，由于"地生人"起源想象的独特性与普遍性，这一概念自然常常为人所提及，一度成为雅典城邦研究的主题。20世纪80年代，"地生人"已经成为西方古典学界的一个核心问题，得到了古典学家们极大的关注。这一问题的突破性研究由已故著名法国古典学家、历史学家尼可·罗茹（Nicole Loraux）做出。她从80年代开始，就先后出版了被美国古典学领军人物格雷戈里·纳吉（Gregory Nagy）誉为"地生人三部曲"的重要著作[4]：《雅典的创造：古典城邦中的葬礼演说》[5]，《雅典娜之子：关于公民身份与性别划分的雅典思想》[6]，《生于大地：雅典的神话与政治》[7]。在罗茹的开创性研究影响下[8]，"地生人"问题成为重大课题，以著名古典学家与历史学家罗伯

---

[3]　柏拉图，《理想国》414c—415e。见本书第四章的讨论。

[4]　Nagy, "Introduction" to Loraux（2000）i.

[5]　*L'Invention d'Athènes：Histoire de oraison funèbre dans la cité classique*（1981），英译本：*The Invention of Athens：The Funeral Oration in the Classical City*（1986），本文所有引用均据英译本。

[6]　*Les enfants d'Athéna：Idées athéniennes sur la citoyenneté et la division des sexes*（1981），英译本：*The Children of Athena：Athenian Ideas about Citizenship and the Division between the Sexes*（1993），本文所有引用均据英译本。

[7]　*Né de la terre：Mythe et politique à Athènes*（1996），英译本：*Born of the Earth：Myth and Politics in Athens*（2000），本文所有引用均据英译本。

[8]　罗茹的后期作品也多以 αὐτόχθων 的问题意识展开：见 Loraux（1995）、（1998）、（2000）、（2002）a、（2002）b。

特·帕克（Robert Parker）为代表的一批学者已经在这一领域发表了数量相当可观的研究成果。[9]历经四十年，这些著作至今仍然主导着西方学界对雅典"地生人"的研究方向，并一再推动学界对古希腊世界，尤其是雅典民主世界的理解。

不过令人遗憾的是，罗茹以及整个西方学界对"地生人"的重要著作迄今尚无任何中译本，有关这一话题的研究在国内也未见任何全面的讨论。[10]因此，这本小书意图填补此方面研究在国内学界的空白。一方面，本书期望将西方学界对αύτόχθων的核心关注呈现给中文读者；另一方面，也希望在此基础上对αύτόχθων问题做出进一步探讨，以引起

---

[9] 关于"地生人"这一问题，相关的研究甚多，在此举数例：Bérard（1974），Shaw（1975），Lloyd-Jones（1975），Zeitlin（1978），Bloch（1982），Rosivach（1987），Parker（1987），DuBois（1988），Detienne（2001），Zacharia（2003），Nimis（2007），Blok（2009）b，Pelling（2009），Rutherford（2011），Calame（2011），Forsdyke（2012），Clements（2015），等等。

[10] 据笔者个人的初步文献检索，无论是学位论文还是期刊论文，尚未见国内学界引用或大量涉及罗茹以及其他古典学家的研究成果，而对"地生人"这一概念尤其其政治神话意涵有所涉及的论文也几近于零。在中文学界涉及"地生人"概念的论文目前似仅有以下三种：王以欣（2002）、王以欣（2005）第十章、孙瑞丽（2007）。王以欣（2002）一文讨论了"地生人"作为"土著"概念与古希腊移民浪潮中土地占有权的关系；孙瑞丽（2007）在诸多地方谈及罗茹的著作，但仍然没有将"地生人"作为一个核心概念加以关注。目前中文学界唯一关于"地生人"神话的形成、文化意义和社会与政治功能等问题的讨论是王以欣（2005）第十章，此文对中文学界有关"地生人"及罗茹的研究具有开创性意义。不过，限于篇幅，该文仅简要论及"地生人"神话与雅典民主的关系，并未对罗茹的三部曲研究做深入的学术史探讨，罗茹研究的意义与影响也并不是此章节重点关注的问题。

国内学界对这一问题更多的关注。因此以下有必要先对"地生人"奠基性研究——罗茹的"地生人三部曲"以及目前西方学界的研究状况做一简要的介绍。

罗茹发表的第一部著作《雅典的创造：古典城邦中的葬礼演说》（*L'Invention d'Athènes：Histoire de oraison funèbre dans la cité classique*）是她的博士学位论文，出版于 1981 年。在长达 500 多页的篇幅中，她集中讨论了雅典民主时期的葬礼演说。罗茹收集了十分丰富的葬礼演说的古代文献，其中最著名的是我们熟知的修昔底德《伯罗奔尼撒战争史》中伯里克利的演说、吕西阿斯的诸篇演说，以及柏拉图的《美涅克塞努篇》中苏格拉底的演说。罗茹提出，在研究葬礼讲辞时，要将其作为一种政治文体（genre）来看待。换言之，它是在一个特殊场合下的特殊文体，需要与哲学家、历史家等的内在思想以及历史现实有所区分。在对这一文体的研究中，罗茹指出"地生人"概念与雅典民主存在极为深刻的内在关联。她认为，一方面，"地生人"所诉诸的"起源上"的平等，正是雅典民主意识形态（ideology）的核心；另一方面，由于"地生人"将起源牢牢诉诸大地，这就促使雅典民主以大地为基础，将从大地生出的雅典人与不是从大地生出的其他族群（女人、奴隶、外乡人）区别开来。罗茹用"贵族式的"（aristocratic）一词来形容雅典民主，以示"地生人"所奠定的平等不同于现代意义上的民主平等。而正是因为雅典民主的强烈排外主义与贵族色彩，雅典城邦才得以自我标榜其勇气、美德、爱国主义以及帝国主义。这种"地生人"

意识形态在修昔底德的伯里克利葬礼演说以及柏拉图《美涅克塞努篇》中的葬礼演说中都得到印证。

罗茹的第二本著作《雅典娜之子：关于公民身份与性别划分的雅典思想》（*Les enfants d'Athéna：Idées athénien-nes sur la citoyenneté et la division des sexes*）也出版于 1981 年，英译本（1993）由普林斯顿大学古典学家弗洛玛·爱·塞特林（Froma I. Zeitlin）作序。事实上，此书可以视为她的第一本书《雅典的创造：古典城邦中的葬礼演说》的前奏。在这本著作中，罗茹返回到"地生人"的起源神话本身，对这个神话特别是关于"地生人"这一概念的生成与发展做出了更加细致的讨论。她指出，"由地而生的"厄里克托尼俄斯（Erichthonios）的神话为整个雅典城邦奠定了起源基础，它不仅将雅典人的起源诉诸土地，而且在起源上拒绝了女性（两性）生育，因而将女性排除在雅典人的政治范畴之外。其结果是，在与赫西俄德的潘多拉神话的结合中，女人成了被制造出来而非天然存在的"他者"，其后代的生成也仅仅是自身对自身的复制，因而女性在整个起源话语中沉默甚至消失了。这一排他的动机同样延伸至作为"他者"的奴隶和外乡人。在雅典民主政治与神话结合的解读中，罗茹再一次加强了她在第一本书中的论断，即 αὐτόχθων 的起源叙事及神话滋养并壮大了雅典民主意识形态。

在相隔十多年后，罗茹于 1996 年出版了她三部曲中的最后一部：《生于大地：雅典的神话与政治》（*Né de la terre：Mythe et politique à Athènes*），英译本则是由前文提到的古典学大家纳吉作序。作为个人文集，此书以专题的形式对"地生人"问题做了进一步的扩展与讨论。罗茹试图将更长的历史线索融入她之前的研究之中。她特别讨论了 19 世纪人类学家巴霍芬（Bachofen）对古典社会的人类学研究，并结合弗洛伊德（Freud）以及德里达（Derrida）等人的后现代理论力图说明"地生人"这一古典概念与当代世界以及当代问题的相关性。

罗茹的三部曲为古典学对"地生人"问题的研究奠定了十分良好的基础。她以历史学方法为基础，在人类学家列维－斯特劳斯（Lévi-Strauss）的结构主义框架下，展现了希腊尤其是民主雅典的起源神话与希腊古典时期的宗教、政治、社会等诸多领域的互动关系。从以上笔者对罗茹三部曲的简要介绍，我们已经可以窥见，罗茹的研究所涉及的范围颇为宽广，政治理论、社会理论、女性主义、人类学研究乃至于现代与后现代理论在她的讨论中都占有一席之地。而跟随她的奠基性研究，各个领域也都发展出关于"地生人"的丰富讨论，例如政治历史学领域对公民身份与民主法治的讨论[11]，女性主义对性别平等与性别角色的讨论[12]，考古学界对"地生人"主题性绘画与建筑的讨论[13]，乃至于在现代话

---

[11] Leão（2012），Lape（2010），Scodel（2006），Roy（2014），Kennedy（2014），Pelling（2009），Osborne（1997），Manville（2014），Blok（2009）a，Lambert（2008）.

[12] Calame（2011），Kennedy（2014），Zeitlin（1989），Sanders（2014）.

[13] Shapiro（1998），Neils（2007），Clements（2015），Räuchle（2015），Raaflaub（1998），Cohen（2001）.

语体系下人类学界对非洲土著人的讨论等。[14]可以说，"地生人"这一话题触发了西方学界对诸多根本问题的重新审视，并且促进了一代代学者对古希腊世界尤其是雅典社会的深刻理解。这是"地生人"论题在西方古典学界能够开展得如此丰富的原因。

　　然而，尽管如今主流西方学界对"地生人"的研究可谓汗牛充栋，但以罗茹为先驱的整个现有讨论脉络仍有可商榷之处。就"地生人"的研究方向而言，由于罗茹是以历史学方法为基础对雅典"地生人"这一起源神话做出整体解释，因而她的解释必然与某个历史现象相关联。于是我们看到，罗茹以及大多数主流研究将关注集中在了雅典的一个特殊历史阶段——民主雅典时期，进而又将"地生人"的思想与这一时期独特的意识形态——民主意识形态——相关联。这一讨论无疑是成功的，在丰富的历史材料中，我们的确看到"地生人"的话语体系与民主雅典的政治思想发生了紧密的联系。然而，值得我们注意的是，作为神话或话语本身，"地生人"所传达出的思想并不能完全等同于某种社会意识形态：它以神话故事的方式超越了政治社会现实，甚至超越了时空的界限，其本身便是一个独立的系统，并不必然与某个特定的历史社会现象相重合。因此，仅仅将"地生人"看作雅典民主意识形态的表现，并不能真正将这一神话所触及的更为深远、广阔的古希腊世界完全展现出来。

---

[14] Ceuppens & Geschiere（2005），Geschiere（2009）.

一个诸多学者已经涉及却值得我们再讨论的领域便是悲剧。在目前大多数有关"地生人"的悲剧研究中，一个总体的倾向是单纯地、程式化地将"地生人"作为民主雅典的意识形态的叙事予以研究。"地生人"作为一个政治话语体系，要么仅仅被视作悲剧中的一个装饰性环节，要么仅仅被认为是证明了一些悲剧作品对雅典这座伟大的民主城邦的致敬。[15]但就悲剧这一文体而言，主流学界又已达成共识，它并不完全是对雅典现实世界的赞美，而是在与城邦政治空间隔离的一个独立空间中，承担着对城邦社会、政治乃至思想反思与批判的功能。[16]因此，如果"地生人"已经成为悲剧的主题，那么我们很难不去关注通过这一主题悲剧可能发出的追问。本书想要强调，"地生人"神话的意义远远超出历史研究的范畴，它不仅是雅典这一"想象共同体"的奠基性政治意识形态，同时更与古希腊悲剧对雅典社会的批判性反思有着深刻的关联。

除却悲剧，西方主流学界更少涉及的一个领域还有哲学。这或许是一个必然的结果：由于相较悲剧而言，哲学与城邦的政治意识形态相去更远，因而以民主意识形态为解释方案的"地生人"研究便很难涉足这一领域。然而，读者将

---

〔15〕一个最突出的例子是 Loraux（1993）对欧里庇得斯《伊翁》的研究，她认为《伊翁》是民主"地生人"意识形态的再现，即便悲剧中存在一些黑暗色彩，但整体而言，《伊翁》赞美了"地生人"的民主意识形态，并通过悲剧再一次确认了这一话语体系在民主雅典社会的成功。针对这一研究，笔者将在第三章做出回应。

〔16〕Goldhill（1992）14–15.

在本书第四章看到，"地生人"神话不仅出现在了诸多哲学著作中，而且它作为主题，还推动着哲学的思辨与讨论。哲学尤其是柏拉图哲学对"地生人"问题的处理，大大超越了神话与城邦政治中的"地生人"的层面：一方面，就政治哲学而言，柏拉图对话也指出"地生人"在现实层面上可能的困境；而另一方面，就纯粹哲学而言，柏拉图的讨论表明哲学在"同一性"问题上与"地生人"有着内在的相生关系。以上的思辨很难再用当前的研究框架来进行解释。与其说在哲学领域"地生人"仍然代表了民主意识形态的思想，不如说在这一思想世界中，"地生人"反而成为哲学家反思民主意识形态乃至社会政治的利器。无论是悲剧还是哲学，我们都将看到"地生人"不同于政治意识形态的另一面相。

针对目前中西学界的研究现状，本书希望通过以下四章展开对"地生人"问题的讨论。（1）神话：在希腊尤其是雅典神话系统中，"地生人"神话（厄里克托尼俄斯神话与潘多拉神话的结合）意味着希腊人不是由女人所生，而是从大地中生出来的。因此所有男人都是同一大地母亲所生的兄弟，而女人作为另一族类（γένος）被排除在"人"（ἀνήρ）的范畴之外。（2）政治："地生人"神话为雅典民主政治提供了奠基性意识形态。一方面，由于所有雅典男人都是大地母亲所生的兄弟，因而是相同的、平等的公民；另一方面，这一具有高度凝聚力的"同一性"的意识形态也具有极强的排他性，它将女人、奴隶、外乡人作为其他"族类"或绝对的"他者"排除在外，以保持最纯粹的雅典种族。（3）悲剧：

当"地生人"神话与雅典城邦现实结合时，其以"地生"起源为基础的意识形态遭遇到了现实两性生育的结构性困境。女性在悲剧中大比例地出现，显示出现实层面希腊人对女性群体以及女性所代表的感性、疯狂等激情感到焦虑。由此，现实与神话、男人与女人、家庭与城邦之间总是呈现出对抗与张力。（4）哲学："地生人"神话对"同一性"的强烈追求最深刻地反映在古希腊哲学中。柏拉图对"同一性"问题的长期思考深刻地展现了这一问题的复杂性。与悲剧相同，他同样认识到在神话、政治层面追求"同一性"（或"纯一性"）是不可能实现的。但不同于前者的是，柏拉图转向了个体灵魂对"纯一性"追求的哲学思考，这奠定了西方形而上学传统的基本问题意识。

读者将会看到，在本书这四章中，前两章梳理了"地生人"作为起源神话的叙事逻辑及其与雅典社会、政治思想的密切关联，后两章则集中讨论了目前学界研究尚未深入探索的两个领域：悲剧与哲学。从第一章到第四章，读者将看到，"地生人"问题不仅仅是政治与神话的问题，而且还是政治与悲剧、政治与哲学的问题。由于"地生人"问题的丰富性——它贯通了神话、政治、戏剧、哲学——这本小书希望对"地生人"这一主题展开初步探索，呈现这一问题的复杂面貌，以期引起更多学者对此讨论的兴趣与关注。

第一章

神 话

"地生人"：厄里克托尼俄斯（Erichthonios）

让我们从神话的讲述开始。在雅典卫城的厄里克托
神庙（Erechtheum）中，供奉着一个与雅典这座城市以及
雅典人密切相关的英雄人物，他被视为雅典人与雅典城邦
的起源，这位英雄就是厄里克托尼俄斯，或称厄瑞克透斯
（Erechtheus）。[1] 从荷马史诗，到希罗多德的《历史》，一直
到古希腊悲喜剧作品中的记述，他都是那个建立雅典城邦的
国王。[2] 可以说，厄里克托尼俄斯的诞生神话是整个古希腊

─────────

〔1〕 不同版本对厄里克托尼俄斯与厄瑞克透斯的处理不同，有的版本将二者
视为同一人，有的版本将厄瑞克透斯视为厄里克托尼俄斯之子；而有的
传说系统中，还在两者间加上了潘底翁（Pandion）作为第二代，以构
成一个完整的神话谱系。我们在此无须深入讨论这一细节上的争论，只
要明确，两个名字都象征着"地生人"的起源神话。具体讨论可参见
Loraux（1993）46-48，以及对荷马《伊利亚特》2：546—548 的历代注疏，
还有 *Etymologicum Magnum* 中对词条 "Erechtheus" 的解释等。

〔2〕 例如，荷马，《伊利亚特》2：546—547："那些来自雅典的人"（οἱ Ἀθήνας）
与 "厄瑞克透斯的人民"（δῆμον Ἐρεχθῆος）是同义的。同样见希罗多
德，《历史》1.57，希腊人称自己是佩拉斯吉人后裔；8.44，以厄里克托
尼俄斯或厄瑞克透斯来命名雅典人。另见索福克勒斯，《埃阿斯》（*Ajax*）
201—202，刚刚变成雅典人的萨拉米斯人（Salaminians），就被直接以
Erechtheids（厄瑞克透斯的后代们）来代称。

传统中"地生人"的开端，是雅典人起源的基础神话。

这个诞生神话虽然叙事版本众多，但我们仍可以通过所有这些版本看到一个共同的神话主线：

> 厄里克托尼俄斯诞生神话：赫菲斯托斯（Hephaestus）爱上了雅典娜女神，他浑身充满欲望，想要追求她，却被这位贞洁女神拒绝了。雅典娜疯狂地跑，逃开了他的拥抱，然而赫菲斯托斯的精液却沾在了女神的大腿上。雅典娜用一块毛布擦去精液，将它扔在了大地上。这块毛布却使得大地肥沃，后来大地产出了一个小孩，这个小孩便是厄里克托尼俄斯。大地将小孩交给了雅典娜，雅典娜认出了他，于是她就把小孩托付给刻克罗普斯（Kekrops）[3]的女儿们，由她们在大地上将其抚养成人。厄里克托尼俄斯长大后成了这片大地上的国王，建立了泛雅典娜节（Pan-athena-ea），并以

---

〔3〕 刻克罗普斯是"地生人"神话谱系中可追溯的最老的一个英雄神。他是人头蛇身，传说是他建立起雅典文明，并在他的时代确立了雅典娜城邦神的地位。但是由于刻克罗普斯并不是完全意义上的"人类"，因此，人类城邦的起源神话大多以厄里克托尼俄斯这个"地生"的纯人类作为雅典城邦文明的开端。刻克罗普斯时代可以说是"地生人"的雅典的前城邦时代。关于雅典娜被确立为城邦神的神话（雅典娜与波塞冬争夺城邦的所有权），我们将在后文中再次提到。但值得注意的是，尽管刻克罗普斯是神话人物，雅典的城邦历史却最早追溯到他的时代：帕洛斯碑（Parian Chronicle）中刻克罗普斯的时代有着十分确切的起始年代（公元前 1581 年），他的时代被称作 Kekropia。见 Dowden（1992）51，table 3.1与他的讨论。或许就是因为刻克罗普斯是"地生的"，他才顺利地成为后面雅典第一国王厄里克托尼俄斯起源上的祖先。

他的保护人雅典娜之名，将这座城市命名为雅典。

就情节而言，这个神话故事并不复杂。简而言之，它讲述的就是雅典娜拒绝赫菲斯托斯的求爱，转而大地代替这两位异性神的结合而独自生出雅典第一国王的故事。不过，就在这样的一个叙事中，雅典的起源却变得十分独特：雅典的第一国王是由大地所生，他并没有一对真正意义上的亲生父母。[4]注意：赫菲斯托斯仅仅提供了精液，雅典娜也没有孕育他——她始终是一个处女，我们唯一见到的是大地因为赫菲斯托斯的精液而变得肥沃，在它生出厄里克托尼俄斯之后，雅典娜才接手这个孩子成为他的养育者与保护者。可以说，完全是大地产出了这个雅典人。

那么，这个独特的细节意味着什么？罗茹创造性地认为，它意味着对女性/母亲的拒绝。在故事中，母亲生育与养育的两个职责被严格地划分开来。[5]大地彻头彻尾扮演着母亲的角色，成为所有生育的基础，而雅典娜始终保持处女身份拒绝成为母亲。由于雅典娜拒绝两性结合，拒绝女性的生育，拒绝承认男人从女人而来，因此在整个起源想象中，大地所诞生的雅典人（在古希腊话语背景中即"男人"，ἀνήρ）[6]以一种"去女性化"的方式开创了其历史。而当雅

---

〔4〕 Loraux（1993）58–59.

〔5〕 Loraux（1993）62–63.

〔6〕 ἀνήρ 一词在古希腊往往泛指人，而当其有特指时，它仅仅指男人。因而 ἀνήρ 没有阴性格位，这是在词源上回应"男人"与"人"的问题。

典人宣称他们是"地生人"的后代——"大地之子"——时，这些雅典人便不再需要女性生育这一方式来延续其历史了。他们有男性的单支谱系以及大地的支持便已足够，由此，母亲与孩子的关系被父亲与孩子的关系完全代替。所谓的"地生人"，实际意味着对两性——亦即女性——生育的否认。这成为整个雅典起源神话的核心之义。

或许我们要问，如果雅典娜对生育的拒绝意味着女性生育被排除在城邦起源之外，那么大地这位母亲呢？她与雅典人民的紧密关联是否意味着女性在城邦的神话想象中无论如何还是拥有着崇高的地位呢？雅典对此问题的回答是否定的。尽管在这一神话叙事中，大地有着某种母亲的特征，但这并不意味着它最终是女性。事实上，大地的意象早已超越了女性的范畴，成为一个中性的存在。由于大地本质上是土地，是区分雅典之内与雅典之外的空间，因而它标志着的不仅是雅典人的出生之所，更是所有雅典人生活的范围，城邦作为城邦的界限。在这片空间之中，雅典人被赋予"雅典人"的意义，他们是雅典这个城邦而不是别的共同体的后代。在纯粹的"大地"向"政治空间"转化的过程中，大地的性别变得非常模糊。一方面，它的确是雅典男人的生养者，但另一方面，它作为承载这个城邦共同体的实体空间拥有更为广阔的政治国家的意涵：大地是母亲，但更是"父国"（fatherland），是整个雅典男性公民为之奋斗、成就自我、彰显其男性气概的地方。因此，如果大地不是男性的，那么它至少也不完全是女性的。这恰恰是雅典政治的基础概念：城邦凭借其土地直接与人民保有了最根本、最亲近的源生关系。个人与城邦直接联系了起来。于是，当两性的自然繁衍被大地所代替，所有"地生人"的起源都植根于这片永恒存在、经久不衰、性别模糊的土地之上。[7]雅典这个"父国"才是他们最纯正的开端，而非人类母亲。由此可见，大地在神话叙事中非但没有赋予女人更高的地位，反而通过神话政治的逻辑贬低了它。

值得注意的是，在这一叙事中，性别模糊的土地与女人之间的根本分歧反过来又强化了"地生人"作为政治神话的影响力。土地与女人在驾驭时空方面有着明显的差异：由于女人会经历凡人不可避免的生死，她们作为个体一代代出生、死亡，并且生育一代代有死之人，因此女人作为母亲的生育深深受到时空的限制。但不同于女人，大地几经千年占据同一空间并无丝毫改变，稳定的生育不仅持续不断，而且这种孕育成为永恒的、不断重复的过程。因而大地的延续性取代了女人生育所带有的有限的时间感。生育，或生命本身，得到了永恒的保证。由此，所有人，厄瑞克透斯及其后代们，都可以一直被持久地视为兄弟一样的大地之子，即父国之子。[8]这就为雅典作为一个持久而稳定的城邦提供了进一步的支持："父国"不仅是最纯正的开端，而且是最持久的生命源泉。

从所有的自然家庭与宗谱的约束中摆脱出来，大地之子

---

[7] Blok（2009）b 263–264.

[8] Detienne（2001）50, Blok（2009）b.

们都进入了永恒当下的时间维度之中，各辈雅典人都因他们与大地的源生关系纠缠在一起，这一共同起源成为雅典人新的身份维度。此时，城市是不可追忆且永恒存在的，对代际繁衍的弱化，将所有人纳入共同的起源之中：这一起源身份从原初一直延续到当前一代，连接他们的桥梁就是一代代雅典人脚下踩踏着的土地以及那位永恒存在的雅典娜。当历史的神话时间与现实的当下时间结合在一起时，历史时间由公共空间支撑，成为空间的一部分。再进一步，由于所有公民——无论代际、经济、社会身份有何分别——都始终被想象为平等地从雅典土地出生，他们就从起源和自然本质上获得了平等。这一平等性后来便成为雅典民主思想的核心支柱。[9]

如此，在构建起源想象的图景时，"地生人"神话通过彻底拒绝女性参与起源的时刻来重新界定母亲与父亲的角色、男女的关系以及人之本质。大地作为生育者将凡人女性完全排除在生育体系之外——人（男人，ἀνήρ）由大地而生。男人以大地为根基获得其生命的起源意义，这为雅典男人所追求的完全的独立性提供了生存论意义上的支持。它成为之后整个雅典城邦政治思想的基础。

虽然"地生人"神话必然会面临现实之中两性生育对其真实性的质疑，但有趣的是，在古希腊政治世界里，它并没有与历史现实中的两性繁衍发生矛盾与冲突。反而，在古希腊人思想中，真实社会的两性繁衍是通过这一神话叙事获得意义的，

---

[9] Loraux（1993）112, Rosivach（1987）303, Blok（2009）b.

这个意义就是女人的隐没。在"地生人"的强势话语下，两性生育在根本意义上成为不同于生物性解释的现象：它不是一个男人与一个女人的生育，更不是女性作为母亲的生育，而纯粹是人（男人，ἀνήρ）的延续。女性的自然生育成为次要的部分，她的确存在，但并不与男人一样具有同等的存在价值。女人是被隐没了的载体，在现实两性生育中保有的最大意义恰恰在于无意义，她们仅仅是"地生人"中对大地的某种不得已的替代而已。雅典的男人通过这样的起源想象得以在两性社会中成为一个独立且自足的群体——他们将女人抛诸脑后，建立起一个纯粹的男性世界。从政治角度看，神话在思维的历史中占居首位，它主导着人之本质的解释与认知。

如果在"地生人"神话的叙事中，厄里克托尼俄斯的故事告诉我们，第一个雅典男人是由大地生出的，它根本不需要女性的参与和帮助，那么，接下来一个必然的问题则是：雅典第一个女人呢？她如何出生？

第一个女人：潘多拉（Pandora）

令人惊讶的是，古希腊的思想中其实根本就没有考虑雅典的第一个女人是如何诞生的。[10] 他们不会问出"第一个雅典女人怎样由大地所生"这样的问题。尽管它是逻辑上必然呈现出来的问题，但很快地，它就被消解掉了。因为我们

---

[10] Loraux（1993）116: "Female Athenians simply do not exist."

将看到，虽然雅典人的确考虑过女人的诞生，但在卫城雅典娜神庙中的雅典娜神像下精心雕刻的并不是某个雅典女人，而是非雅典谱系的潘多拉。对于雅典人而言，这人类史上的第一个女人足以满足雅典城邦对女人起源的所有想象——他们不需要专门的雅典女人与"地生人"的雅典男人相匹配了。[11]

这个特殊的设置或许与希腊人尤其雅典人对"女人"的负面认识有着直接的关联。由于"女人"在古希腊语境中通常因男人的憎恶（misogyny）而被视作与"男人"完全不同的物种（the race of women），[12]因此，宣扬潘多拉神话，通过

---

〔11〕罗茹在 Loraux（1993）第二章中特别强调，虽然厄里克托尼俄斯与潘多拉都出现在雅典卫城里，并都标示着男人与女人的起源神话，但他们的地位是十分不同的。可以说，潘多拉所代表的是所有女性的诞生，因而并非专门是雅典女人的诞生。这一根本区别表明，女性在雅典城中所处的地位极为微妙，如果说厄里克托尼俄斯所诞生的雅典大地有着明显的政治意涵，那么潘多拉的诞生神话恰恰将女性的政治意涵全然抹去，而统归为一个毫无差别的族类。潘多拉是所有女性的，而非雅典女人的起源，雅典的女人在城邦中失去了政治性的身份表征。而恰恰是将潘多拉纳入卫城的崇拜体系中，雅典男人的优越地位越是凸显出来。这在民主雅典的论述中极为重要。

〔12〕古希腊悲剧对"男人厌恶女人"这一主题有着十分丰富的展现。例如欧里庇得斯《希波吕托斯》（Hippolytus）中的主人公希波吕托斯仇恨女人的著名段落："女人，就是祸害！宙斯啊，为什么你将她们带到这个世界，放诸阳光之下？如果你希望增加有死之人的族类，那么这个种族也不该是女人。"（《希波吕托斯》第 616—619 行）再如《美狄亚》（Medea）中的伊阿宋（Jason）："以另一种方式繁殖，无须女人的存在，这样，人类（男人）就不会知道不幸与痛苦。"（《美狄亚》第 573—575 行）我们接下来还将会看到，在赫西俄德的《神谱》与《工作与时日》两首叙事长诗中，相对于自然存在的男人，女人潘多拉的起源全然是另一个人为之事。关于古希腊厌恶女人（Greek Misogeny）的研究，见 Okin（1979）第一章。本书中所引希腊文文本，除特别标明外，均由作者自希腊文翻译。

将潘多拉这世界性的第一个女人作为雅典女人的始祖,雅典城邦便将在雅典中的"女人"作为一个独立于男人,尤其是雅典男人之外的种族与"地生"的"雅典人"种族划分开来。于是我们看到,在潘多拉与"地生人"结合的想象中,雅典的起源极其封闭、排他:在雅典,"雅典人"仅仅指雅典男性公民,而雅典的女人则并不被认为是"雅典人"。事实上,雅典从未出现过"第一个雅典女人"(the first Athenian woman)这样的称号,[13] 她们完全外在于整个雅典政治话语体系。[14]

那么,如何理解在雅典的女人呢?关于这个问题,我们需要回到希腊神话的框架中,看看女人种族是如何诞生的。《神谱》这样叙述道(590—591):

ἐκ τῆς γὰρ γένος ἐστὶ γυναικῶν θηλυτεράων,

τῆς γὰρ ὀλώιόν ἐστι γένος καὶ φῦλα γυναικῶν.

因为从她〔第一个女人〕而来有了女人这个物种,女性,

因为从她而来,有了致命的物种,女人一族。

这两行诗简明扼要地指出:所有女人都从那第一个女人而来。那么她们究竟是一个怎样的族群?赫西俄德

---

〔13〕Loraux(1993)10.

〔14〕Surtees(2018).

在此为我们提供了一个意味深长的解释。尽管有学者认为在《神谱》中这两行诗看上去颇为雷同，[15]但实际上这或许是一个有意安排的重复性叙事。诗人在 590 行用 γυναικῶν θηλυτεράων（"女性女人"）这一双重表达确定了女人作为女人的身份，而在 591 行，将 φῦλα（族群）加入对 γένος（物种、种族）的修饰，就进一步加强了对女人物种（the race of woman）的限制。于是，在这简短的两行诗句中，诗人就表达了一个清晰而强化的观点：女人仅仅从女人而来，就像源头上的潘多拉一样，她们是被孤立地制造出来的。因而，这是一个孤立的群体，一个有着单独传承谱系的族群，她们与人类（男人）这个族群区分开来。潘多拉这第一个女人，在《神谱》中，无论如何都不是"人类的母亲"，她仅仅是女人的"母亲"。[16]

我们看到，与厄里克托尼俄斯的诞生神话相似，这个女人的诞生神话也同样拒绝了两性结合的自然生育。这意味着女人与男人的联系在此彻底断裂了，他们不仅有着各自不同的源头，而且后代的传承也由各自独立完成。男性与女性作为两条互不相交的平行谱系，分离而对立。在潘多拉神话中，女人就是女人，不需要男人的参与。但同时，也是女人的出现唤醒了"男人"身份的凸显：与女人相对，男人也成为一个种族（γένος）。

---

〔15〕对于《神谱》第 590—591 行是否来自不同版本的嫁接，学者多有讨论。参见 West（1988）及其参考书目。

〔16〕Loraux（1993）74.

值得一提的是，在这一两性的分野中，女人在神话中的作用还不仅仅是男人比对的对象，她们的最大功绩其实在于将男人与诸神彻底地分离。如果我们将潘多拉的神话扩大到普罗米修斯神话传统，这一功绩便清晰可见。根据赫西俄德，宙斯创造潘多拉是对普罗米修斯偷盗火种（使用技术）的报复，他是借潘多拉之名惩罚了人类妄想与诸神平等的企图。宙斯的最终意图十分明确，即，用女人将男人与诸神世界分离，从而使男人成为不能与诸神比肩的凡人。潘多拉这个"美妙的不幸"（καλὸν κακὸν）正是这一转变的标志。[17]男人与女人相结合的有性繁殖成为人类与诸神的最大区别。无论人类怎样使用技术试图接近诸神，他们最终都必然会死亡，而唯一延续生命的方式便是生育，与女人生育——[18]尽管她们是另一个物种，而且会给人类社会带来毁灭性的灾难（ὀλώιον γένος：《神谱》第 591 行）。[19]于是，在潘多拉出现之后，男人作为异于诸神的种族才最终被确定下来。由此，我们不难理解，在遭受如此致命的打击之后，男人对女人的厌恶与恐惧会是多么强烈。[20]

然而，尽管女人作为宙斯打击人类的武器为宙斯赢得

---

〔17〕《神谱》中"美妙的不幸"出现频繁，是指代"女人"最多的一个词，如第 512，527，552，570，585，602，612，906 行。

〔18〕与之相应，《工作与时日》中的五代种族神话（110—200）描述了第五代人（亦即赫西俄德最厌恶的一代）的最终形成，这代人的特征也在于人类开始实行自我的两性繁殖，而不再由诸神创造来繁衍后代。

〔19〕参见 Marder（2014）中关于女人、技术与人类界限的讨论。

〔20〕DuBois（1992）讨论了赫西俄德对女人的厌恶。

了胜利，但是她们自身却并未因此获得更多的好处，反而当女人成为凡人中的一分子时，她们被置于更为悲惨的境地。因为，在赫西俄德的叙事中，当女人的出现分离了男人与诸神时，女人也同时将自己从"男人"或"人"的族群中分离出来。她们带来的两性的区别实际促成的是女人自我与他者（即男人或人）的区分。因为，本质上讲，当女人出现时，男人这一族群不仅其内部的自我身份认同得到了加强，而且在男性强势的起源神话体系下，男人还径直将女人排除在"男人"（即"人"）这一种族范畴之外。由于"人类"族群在宙斯送来女人这一灾祸前就早已存在，因此女人因其后生与次级的起源，根本无法参与到原生的人（"男人"）的世界中。这使得女人作为一个异于男人 / 人的族群在后起的起源中完全无法拥有本我的掌控权。[21] 在这不对等的关系中，女人显然成为弱势的一方。

于是，在这样的世界里，如果说男人只是受到了沉重的打击还一息尚存，那么女人则在一开始就堕入了深渊。我们或许注意到，在《神谱》中，这第一个女人甚至没有获得潘多拉的称号。[22] 或更为严格地说，她甚至没有获得"女人"（γυνή）的称呼（γυνή 这个术语的确出现过，但

---

〔21〕罗茹称这样的两性关系为"并不对等的自我与他者"。Loraux（1993）77："asymmetry of self and other"，对比 Pucci（1977）86–94。

〔22〕不过，在《工作与时日》中，第一个女人获得了潘多拉的称谓。关于《神谱》与《工作与时日》中的潘多拉神话之比较，参见 Loraux（1993）77–78，脚注 28，29，33，34。

只是在所有行动都完成的那时出现了一次，而且这次称呼仅仅是为了赋予她后代以称谓）。[23] 这个女人在 587 行的第一次出场，都还不足以带出 γυνή 这一称谓：赫西俄德对她的描述单单是 δόλον αἰπύν ἀμήχανον ἀνθρώποισιν（"送给人类的一个彻底的、令人无处可逃的圈套"）。因为在故事中，无论是对诸神还是对已存在的人类/男人而言，那个"圈套"而非"女人"才是他们关注的焦点。女人，作为宙斯惩罚男人的利器，虽然看似拥有威力，她们却也仅仅是宙斯的工具而已——她们自身没有也从未有过确切的身份与存在。

女人身份的缺失与赫西俄德关于潘多拉起源的描述再次对应起来，这使得女人无论如何都无法作为独立而自足的主体成为与"男人"尤其"地生的男人"对等的另一方：

> 潘多拉的诞生：（宙斯）内心感到愤怒。他立即给人类制造了一个祸害，作为获得火种的代价。按照克洛诺斯之子的愿望，著名的跛足神用泥土塑造了一位腼腆的少女形象，明眸的雅典娜给她穿上银白色的衣服，亲手把一条漂亮的刺绣面纱罩在她的头上，还用一条金带为她束发，这是著名的跛足神为讨好其父而亲手制作的礼物。[24]

---

〔23〕 Loraux（1993）77–78.
〔24〕 赫西俄德，《神谱》569—580。译文参考张竹明、蒋平中译本《神谱》（1991）。

我们看到，在赫西俄德的叙事传统中，这第一个女人，是被"制造"出来的。对比"地生人"起源，她显然与厄里克托尼俄斯不同。虽然同是出于泥土，厄里克托尼俄斯是从大地直接长出的，而潘多拉则是由诸神用泥土人为地捏造的。两者最根本的区别在于，凭空捏造出来的女人没有本质上的起源。她是诸神的产物，是技术的杰作，是雅典娜与赫菲斯托斯共同的、完全外在于他们的手工产品。相对于厄里克托尼俄斯完全自然自足的生长，潘多拉的出现，是纯粹人工的制作。人工的制作，意味着不存在起源之根。捏造所使用的泥土不需要任何养料，可地生人的土地却是肥沃而富饶的。捏造女人的泥土，当然与生出男人的大地之土完全不同。古希腊人从未承认任何一位大地生出的女人：这在根源上将女人排除出了"地生人"的起源系统。由此可见，同为起源神话，潘多拉作为女人的诞生在最原初之时就无法得其正名，这与厄里克托尼俄斯的神话大相径庭。潘多拉不仅不能保证后代女人拥有独立而确定的身份，连她自身也无法保证有一个可靠的根源。既然泥土捏造的女人不是通常意义上的人类，那么她究竟是什么？

首先可以肯定的是，在赫西俄德的描述中，女人既不是神灵，也不是恶魔，更不是男人（或人）——或者说，她除了女人，什么都不是。雅典娜用面纱与金带装饰她，给她穿上了美丽的银白色衣服，除此之外，潘多拉一无所有。她没有任何内在的定义，她就是她的装饰本身。换言之，她没有本质。在面纱之下，女人成为被制造出来的意象，一个象征性的符号。因此，潘多拉以降的女人一族，仅仅是对"女人"这一意象的复制，她们同样没有独立的起源。所有外在的装饰，使得女人总是依附某一非本体之物，女人失去了独立的可能性，也就失去了独立的身份。于女人而言，她总是处于与他者相对应的位置：男人的女儿，男人的妻子，男人的母亲；并且她的每一个角色都伴随着性的重新定义，从而她的一切存在的可能性都成为问题。

在此，男人与女人最大的区别显而易见：他们在起源问题上有着根本的差异。男人有着独立的自然起源，而女人却是"自身复制"的依附性意象。于是，在雅典神话的想象中，通过"地生人"神话与潘多拉神话的结合，男人得以与女人彻底分裂为两个种族。对于雅典人而言，女性作为一个族类，并不在雅典城中占据独有的位置而与雅典大地所生的男人相对，她们与其他种族（诸神、动物、其他城邦的族群）几乎没有任何区别。所以，在雅典卫城里，潘多拉不是被描绘为雅典的第一个女人，而仅仅是人类的第一个女人。女人作为另一族类，只是一种对男性身份定义的补充，完全在男人/人的世界之外。[25]这种女性与男性对立的概念，最后从神话延续到实际政治之中：雅典没有女性公民，只有"在雅

---

〔25〕罗茹进而分析了赫西俄德与西蒙尼德斯（Simonides）的诗歌，她指出，在西蒙尼德斯的作品中，女人与动物的类比是最主要的部分。参见 Loraux（1993）I.2: "On the Race of Women and Some of Its Tribes: Hesiod and Semonides." 同见 DuBois（1992）。

典的女人"（women in Athens）[26]。雅典男人（或"雅典人"）的独特性在两个创生神话的对比中彰显出来。

至此，我们看到，雅典城邦通过两个独立的创生神话将男人与女人作为种族彻底分离。在起源神话中，男人与女人甚至都不曾同时出现。不过，值得注意的是，尽管种族起源神话是分离的，它们却有一个重要的相同之处，即，男人与女人的出生都有雅典娜的参与。可以说，雅典娜是整个雅典起源体系中最重要的角色，城邦也以她命名。[27] 由此，问题又出现了：雅典娜毕竟是女神。这位女神如此重要，那么她的重要性是否又一次意味着女性在神话话语上最终还是占据了两性竞赛的优势地位呢？男人在雅典娜的起源系统中，究竟取得最终的胜利了吗？他们与雅典娜的关系到底是什么？在之前的讨论中我们探讨了大地作为政治城邦的生育者与单纯女性的区别，在接下来的一节，我们将直接面对"地生人"神话中另一个不可回避的女性角色——雅典娜。我们将考察这位女神是如何成为雅典男人的保护神并支持着"地生人"这一政治神话的想象的。

城邦：雅典与雅典娜

诸多学者都注意到，在厄里克托尼俄斯的神话中，尽

---

[26] Loraux（1993）87："There is no Athenian female, but woman in Athens."

[27] 雅典城邦的名字来自雅典娜。以神祇来为城邦命名的例子在希腊世界中并不多见，由此可见雅典与雅典娜尤为特殊的关系。参见 Loraux（1993）113，Fauth（1964）和 Burkert（1991）139–143。

管雅典娜拒绝了两性结合，她却是整个生育过程的直接行动者。[28]虽然雅典娜并不是厄里克托尼俄斯出生的母体，却是她将带有精液的毛布扔向大地，从地里接出大地之子，养育并教育了他。作为回报，厄里克托尼俄斯用他的守护者雅典娜之名（Athena）命名了这座城池——雅典（Athens）。在潘多拉的神话中，雅典娜同样是创造女人的参与者，是她亲手用美好的饰物装扮了潘多拉，赋予她女人的本质（即没有本质）。从这两个神话来看，雅典娜无疑是促成两者诞生的最重要的角色：她的作用远比男性神祇赫菲斯托斯的精液与他捏造女人的技艺更为重要。

不仅如此，在另一个神话中，我们更是清晰地看到女神雅典娜的胜利。这是在刻克罗普斯（Kekrops）时代（即厄里克托尼俄斯出生之前），雅典娜与波塞冬竞赛的故事。这一竞赛最开始由两位神祇挑起，他们想要争夺阿提卡城邦神的身份。决定竞赛结果的是阿提卡城邦人民（也就是后来的雅典人）。他们在刻克罗普斯的组织下投票决定两位神祇在城邦的地位，最终雅典娜在这一场民主投票中获胜。这一胜利直接奠定了雅典娜在雅典作为城邦神的重要地位，也为后来厄里克托尼俄斯诞生后雅典娜全权接管他并养育他成为第一位雅典国王提供了必要的条件。[29]

然而，我们对此不得不感到奇怪：既然整个"地生人"的传统都表明雅典的意识形态是要从源头上排挤女人，不让女人

---

〔28〕Loraux（1993）113, Luyster（1965）, Fischer（2014）.
〔29〕参见奥古斯汀，《上帝之城》18.9.

参与到男人/人（ἀνήρ）的世界中去，那么，为何要想象一位女神作为城邦的守护神呢？另外，我们不能忘记那个众所皆知的雅典人的身份原则：在伯里克利立法（公元前451—前450年）后，要成为一名雅典人，他的父母双方都必须是雅典人。[30]那么，女人（母亲）在这里的角色是否重新变得重要了？她在城邦是否会因为这一规定以及雅典娜女神的在场而重新取得与男人平等（甚至更高）的地位？这一切都需要我们追问，雅典娜女神在古希腊人，尤其是雅典人眼中到底是怎样的角色。

在希腊神话世界中，雅典娜的形象十分丰富：她是智慧、技术、战争、正义等的象征，同时拥有着美貌与力量。这样的丰富性导致雅典娜似乎从一开始便很难单单用"女神"来定义。在雅典城邦，雅典娜的形象同样充满张力，在诸多形象中，有两个形象尤为突出：她既是处女神也是战神。那么，这两个形象意味着什么呢？

一方面，作为处女神，雅典娜的处女身份在其出生故事中就被确定下来。她是宙斯单独生育的女儿，是宙斯吞噬已孕的妻子墨提斯（Metis）之后从他自己的头上生出的。[31]

---

〔30〕Lape（2010）7–18.

〔31〕赫西俄德，《神谱》900—929。完整叙述如下："宙斯双手抓住墨提斯，把她吞进了肚里。因为他害怕她可能生出拥有比霹雳还厉害的武器的孩子。因此，坐在高山居于高空的宙斯突然将她吞下了。但墨提斯即刻怀上了帕拉斯·雅典娜，人类和众神之父在特利托河岸上从自己的头脑里生出了这个女儿。雅典娜之母、正义的策划者、智慧胜过众神和凡人的墨提斯仍然留在宙斯的肚里。雅典娜女神在那地方接受了神盾，有了它，她的力量便超过了住在奥林波斯的一切神灵。宙斯生下雅典娜时，她便手持神盾，全身武装披挂。"（《神谱》译文节选自张竹明、蒋平中译本）

由此，雅典娜虽然本身是女神，却不再是两性结合后女性所生的产物，反而是男性单性生殖的结果。于是，单性生殖、拒绝两性的结合以及对女性生存意义的象征性吞没后来都成了雅典娜的特征。她虽然是女性，但在城邦中一直保持着处女的身份，从未和任何一位神祇发生过两性关系。这意味着雅典娜从未真正意义上达到过一个完整的作为"女人"的状态。[32] 通过对两性生育的拒绝以及对自身成为女人 / 母亲的拒绝，雅典娜延续的实际是宙斯的传统，维护的是宙斯的男性为上（甚至反女性）的原则。

另一方面，雅典娜战神的形象在雅典一直十分流行，她常常身穿盔甲手持盾牌，被称为"最前列的战士"（Πρόμαχος）。著名的帕特农神庙中的雅典娜巨像就是其战神形象。这个形象或许比她的处女形象更为原始，因为从荷马史诗开始，她就被人们供奉为战神，并且作为女战神，她的智慧和力量都超过男战神阿瑞斯。这个古老的形象在雅典被保留下来并被强调为雅典娜的一个主要特征，这就赋予了在雅典的雅典娜更多的男性化特质，而有意弱化了女神的女性意象。如果战神的形象不是反女性的，至少它并没有支持女性气质在女神身上的彰显。

---

[32] 对于女人而言，生育，即母亲这一角色，才是真正可以显示其本质的特征的。它是与男人最大的区别，这恰恰是雅典娜缺失的。处女意味着不是母亲，换言之，她并没有两性交合的经历，也并没有承担母亲角色所要求的生育责任。可以说，尽管雅典娜是女神，但她是没有两性生活的处女神，她本质上只是宙斯的后代（女儿），而非任何人神的母亲。因此，其女性本质因"女儿"这一角色而被大大削弱。

在战神与处女神的结合下，雅典娜超越女性甚至反女性的特征得到了双重强化。[33] 尽管雅典娜是女性神祇，她的形象却几乎与所有古希腊对女性的想象——性、生育、诱惑力，等等——完全对立。无论是战争的神力还是处女的状态，这两者都不是一个典型"女人"应具有的。前者是男性力量的具体体现，而后者则是完全拒绝了女人作为女人之根本。因此，雅典娜很可能不是女性的神，而是反女性的女神。

我们看到，这种对女性以及两性关系的拒斥恰恰表明了雅典娜与雅典"地生人"的亲缘性。她通过自身作为女性对女性生育的拒绝成就了城邦的男性化起源。她更像是那些试图将女人驱逐出生育体系的"地生人"家族的成员，与潘多拉这位魅惑的、开启两性生育的第一个女人相去甚远。[34] 在这一背景下，雅典娜完全有资格成为"地生人"神话中的主要角色，也有理由与"地生人"的雅典产生更根深蒂固的关联。

在大地、雅典娜与赫菲斯托斯三位一体的起源神话中，大地与雅典娜已得到澄清，余下的问题则是，创生神话中的另一重要神祇，赫菲斯托斯。作为宙斯生育雅典娜的助产士、潘多拉的创造者、厄里克托尼俄斯的"父亲"，赫菲斯托斯与雅典娜一样也几乎介入了所有"地生人"神话系统中

---

〔33〕有趣的是，帕特农神庙中供奉的雅典娜女神的雕像恰恰就是她典型的战神形象，而帕特农神庙（Parthenon）的字面意义就是"处女神神庙"。

〔34〕同时，对比潘多拉，雅典娜从宙斯头上直接诞生也更富有"地生人"中单性生殖的特征，她是直接被"生"出来的，而不是像这第一个女人一样被"制造"出来。在这一点上，雅典娜的形象同样表达了更丰富的"地生人"意涵。

非两性繁殖的过程——尽管相较于雅典娜，这位男性神祇在神话中的地位显然要低得多。那么，这位神祇为何会出现在"地生人"神话系统之中？他的地位又为何低于雅典娜呢？关于前一个问题，一个可能的解释是，赫菲斯托斯的出现或许与他本人的出生方式相关：与雅典娜一样，他也是单性生殖而非两性生殖的产物。无论是赫西俄德还是阿波罗多洛斯（Apollodorus），或《荷马诗颂·阿波罗颂》（*Homeric Hymn to Apollo*），它们都认为是宙斯的妻子赫拉独自生产出这个工匠神祇的。[35] 因而，由于赫菲斯托斯出生的独特性，他十分有理由出现在同样是单性生殖的"地生人"的系统之中。

进一步，当我们比较同为单性繁殖产物的雅典娜与赫菲斯托斯时，赫菲斯托斯的劣势地位就不难理解了。雅典娜由宙斯所生，而赫菲斯托斯由赫拉所生。在宙斯这一父系传统中，宙斯之子比赫拉之子的出身更为优越。从生育的角度而言，赫菲斯托斯只是赫拉回应宙斯生育雅典娜的产物，[36] 因此赫菲斯托斯出生的原因就已经暗示了他的地位将低于宙斯独立生育的雅典娜。[37] 值得玩味的是，在《荷马诗颂·阿

---

[35] 例如赫西俄德，《神谱》925—929："赫拉那时对宙斯十分生气，和他吵嘴。由于不和，赫拉未和神盾持有者结合便生下了一个光荣的儿子，赫菲斯托斯。他的手工技艺胜过宙斯的所有子女。"同见荷马，《奥德赛》8. 308—310。

[36] Loraux（1993）129.

[37] 因此，虽然赫菲斯托斯与雅典娜一样拥有技艺，是技艺之神，他却是跛足的，能力十分有限，根本威胁不到宙斯的任何统治。对比之下，雅典娜却原本有能力对宙斯统治造成威胁——如果她不是从宙斯头里生出的话。参见 Warner（2000）122–124 的讨论。

波罗颂》中，赫拉表明了她回应宙斯生育雅典娜的原因。她说，她坚持生出赫菲斯托斯恰恰是因为宙斯盗用女性独有的生育而冒犯了她。[38]这样看来，赫菲斯托斯的出生实际是对女性被排除在生育之外的一种报复性补偿，其本身就是女性地位受到威胁与贬低的象征与标志。

我们看到，在赫拉与宙斯的故事中，雅典娜的地位完全由宙斯奠定，她相对于赫菲斯托斯的优越来自宙斯相对于赫拉的优越。因而，当生育是单性生殖时，决定出生者身份的实际就是生育他／她的父亲或母亲。这里的核心问题变成：从父亲一系出生还是从母亲一系出生？以及，生于父更优越还是生于母更优越？在这一点上，雅典娜的身份问题与整个"地生人"的传统连接起来：雅典娜的角色是一个没有母亲的女神。宙斯，这位众神与人类之父，同时扮演着母亲与父亲。雅典娜正是在此传统中，将她与宙斯的关系又几乎原封不动地平移至她与厄里克托尼俄斯还有潘多拉的关系之中。雅典娜完全处于父系的传统，她所象征与代表的也不是女人，而是以男人为源头的父母角色。从"地生人"到雅典娜，再从雅典娜到宙斯：在整个传统的根源上，所有"地生人"的起源最终都将追溯到宙斯。可以说，整个"地生人"传统应在宙斯处寻得其开端。[39]

由此，当我们再次回顾雅典娜与波塞冬的竞赛神话时，

---

[38] 特别见《荷马诗颂·阿波罗颂》(*Homeric Hymn to Apollo*) 314，323—334，对比307—308。

[39] Loraux（1993）129–131.

雅典娜的胜利就不那么令人惊讶了。她的胜利背后所象征的乃是宙斯的胜利，这为雅典城邦整个政治文明奠定了基础。雅典娜女神被纳入甚至是直接主导"地生人"这一神话系统，也意味着女性对这一系统的承认与接受：两性结合的生育，最终是从一人（男人）出生。

雅典娜的特殊性正在于，她是唯一一位在古希腊神话中被提及的女性的"神之子"。[40]因而，雅典娜所代表的女性实际在神话系统的源头就被男性征服了。雅典娜同时是父亲与母亲，并且最终代表了父亲。在这一神话逻辑下，厄里克托尼俄斯用雅典娜为城市命名为雅典变得理所当然：[41]宙斯之子雅典娜是雅典男性公民的代表与保护者——尽管她本人是女性。在现实层面，这一观念被很好地付诸实践。上文提到，雅典公民的身份同时由父亲与母亲奠定。在此，我们可以更具体地说明，虽然母亲也决定了雅典公民的出身，但母亲本人的出身却必须追溯到她的父亲：只有具有雅典公民身份的男人生的女儿才能继续为雅典公民提供身份的基础。这依循的完全是雅典娜的逻辑。

此时，女神与永恒的大地一同成为城市本身。生于雅典的大地，成为雅典娜这位城邦保护神的保护对象，厄瑞克

---

[40] Herington（1963）62–63。同见 Warner（2000）122。

[41] 雅典人属于雅典娜，就像雅典娜属于城邦。女神将她自己与 *polis* 等同，她的话语从"城市"变为"我自己"（如见埃斯库罗斯，《复仇者》［*Eumenides*］475，481），而城市中的人民被介绍为与女神相伴的人（同上，998—1000），最终，"拥有城邦者"（πολίσουχος）这一术语从对女神的描述变成了对雅典人自身的指称（同上，775，882—883）。

透斯及其后代（Erechtheids）确确实实成为"雅典的人民"。于是，雅典娜、雅典城邦、雅典大地以及雅典之子合为一体。"地生人"就是雅典之子。当雅典娜的名字也被城邦替代，雅典的男人此时获得了双重继承：一方面，他们在原生家庭中从父亲（father）继承其出身，另一方面，他们也从父国大地（father-land）集体地继承整个雅典城邦以及这个名字所蕴含的一切。

在家庭生育与城邦土地两个层面上驱逐女性，这意味着女性从起源上丧失了作为雅典公民的身份，城邦中再也没有真正的母亲。此时妇女沦入沉默。女性一族完全臣服于只有男性的"地生人"之下。这正是"地生人"神话所蕴含的雅典的政治想象。在这一想象中，雅典人作为城邦政治角色的身份不断强化并建立起来，他们属于一个以"地生人"为基础的父系系统；女人是被"制造"出来的意象，她作为他者的对比，成就了男性独立而且排他的身份体系，最终的结果是女性本身的隐没。在这一男性系统下，个人的出身与血统必须追溯到父亲，进而回归到这片土地。在此，"地生人"这一术语对于雅典人而言，成为其身份（identity，特别是政治身份）确立的基础。它在与他者（女人、奴隶、动物、其他城邦公民等）的对比中，赋予雅典人根源性的生存意义；而这反过来，也不断塑造着雅典城邦的政治意识。

第二章

政　治

神话与城邦：公共葬礼

必须指出，"地生人"并非雅典独有。虽然"地生人"神话对于雅典城邦而言意义重大，但这个起着奠基性作用的神话其实并不起源于雅典。无论是厄里克托尼俄斯的诞生还是潘多拉的创造，这两个神话故事都在雅典城邦将其挪进卫城之前就早已存在了。在现存的文献里，我们至少知道，荷马史诗中就已经出现了"地生人"故事的身影[1]，而潘多拉神话则由赫西俄德详述。除了泛希腊城邦共同传承的荷马与赫西俄德，其他希腊城邦中也流传着诸多"地生人"神话的版本，例如忒拜神话[2]、阿尔戈斯的土著神

---

〔1〕 荷马，《伊利亚特》2：546—547："那些占有壮观的雅典城市的人，那是心高志大的厄瑞克透斯（Erechtheus）的领域，这位国王在丰产的土地生他的时候，由宙斯的女儿雅典娜养育，使他住在雅典。"译文参考罗念生（2004）译本，并稍作改动。

〔2〕 忒拜的"地生人"神话传说大致为：腓尼基王子卡德摩斯（Cadmus）为了寻找失踪的妹妹欧罗巴（Europe）来到希腊。他遵照德尔菲阿波罗神谕的指示，跟随一头母牛南下到彼奥提亚，在母牛停歇处建起忒拜城堡卡德美亚（Cadmeia）城堡。在建城的过程中，卡德摩斯杀死附近看守泉水的毒龙，并播种龙牙，此时大地立刻生出众多戎装武士，（转下页）

话[3]等。但有趣的是,就对"地生人"神话本身的挪用而言,尽管希腊各个城邦都以"地生人"的后裔自居,但只有雅典将其置于整个城邦起源的重要位置,并以文学、戏剧、讲演、绘画、雕塑甚至哲学等多种方式呈现出来。[4]相较于雅典,其余城邦的起源神话几乎不见完整的文字记录,更不见如此丰富多样的叙事载体。[5]这是为何几乎所有关于"地生人"的研究都集中在雅典的叙事上。

在雅典,"地生人"神话之所以如此重要,或许是因为它不仅仅是一个起源神话,还可以被视为整个城邦意识形态

(接上页)相互厮杀,仅5人幸存,此5人即历史时期忒拜五大显贵氏族的名祖,而忒拜人则以卡德摩斯及5位"地生人"(*spartoi* 意为 "Sown Men")的后裔自居。参见伪阿波罗多洛斯(pseudo-Apollodorus),《书库》(*Bibliotheca*)1:128—131 以及罗德的阿波罗尼奥斯(Apollonius Rhodius),《阿尔戈斯英雄记》(*Argonautica*)3:407 以下。

[3] 阿尔戈斯(Argos)王族谱系保留的是佩拉斯吉(Pelasgus)土著内容。当地早期统治者均属佩拉斯吉人,其始祖是河神伊那库斯(Inachus),后被一个来自非洲利比亚的王族取代。该神话部分反映在埃斯库罗斯的悲剧《乞援人》中。

[4] 关于泛希腊地区的各个"地生人"的研究,参见 Nielsen(2002),Scheer(2010)、(2011)。然而,主流学界已达成共识,虽然"地生人"出现在许多城邦中,但雅典的"地生人"在当时是最为重要也获得最多关注的,绝大多数与"地生人"相关的材料都出自雅典。关于 αὐτόχθων 在雅典与泛希腊地区的讨论,参见 Isaac(2004)114-124,Sebillotte-Cuchet(2006)255-290。

[5] 不但如此,雅典以外的"地生人"神话叙事即便被保留下来也大都出现在雅典的文献中。最典型的例子是忒拜的 *spartoi* "地生人"。它是雅典"地生人"神话以外最为人所知的另一个"地生人"神话,而这个神话如此有名恰恰在于雅典悲剧舞台对它的大量演绎,因此,忒拜"地生人"不是在忒拜获得关注的,而是在雅典。关于忒拜"地生人"在雅典,见 Zeitlin(1990)。

（ideology）的基础。我们已经知道，这个神话不仅在戏剧舞台年复一年地上演，在会饮的杯盏上闪现，而且，在本章，我们将会看到它作为中心主题还在一个极为重要的政治、公共场所——凯拉米克斯（Kerameikos）公墓——中被频繁提及。可以说，正是所有这些空间对"地生人"的联合呈现赋予了"地生人"神话更深刻的城邦与政治意涵。

本节所要讨论的凯拉米克斯公墓在空间上与整个雅典城市尤其是雅典卫城有着十分密切的关联。根据修昔底德所述，雅典卫城是整个雅典城邦的象征所在[6]，卫城之中的雅典娜神庙以及厄里克托神庙就处于城邦的最中心与最高处；而相对于雅典卫城，公墓则处于低处，一方面通过广场（agora）与城邦连接，另一方面延伸到城邦的边缘，成为空间的界限。从公墓到卫城，我们看到的是一系列具有象征性意义的同心圆中心。正是这些空间性的地标构成了城邦的外部场所（凯拉米克斯公墓）与内部场所（雅典卫城）的联系。

在这一连串的关联中，"地生人"的神话叙事也随之贯穿了整个城邦空间。在卫城的帕特农神庙中，每一次宗教庆典都是在庆祝第一个大地之子的诞生；而在凯拉米克斯公墓，每一次葬礼演说都回顾了埋葬着的城邦之子，即那些"地生人"的后代。所以从卫城到公墓，整个城邦空间标志着一个完整的生命轮回：从卫城开始，在公墓结束。于是，

---

[6] 参见修昔底德，《伯罗奔尼撒战争史》2.15.6。雅典整个领土的中心就是卫城，而卫城本身看上去就像一个浓缩版的城市。

在这两种"地生人"话语的相互呼应下，神话、城邦、个体、历史、生命都融为一体。雅典在仪式性与象征性的表达中完成了政治性与社会性的宣扬。[7]

那么，凯拉米克斯公墓中所呈现的"地生人"是怎样的呢？在此，我们需要具体看一看凯拉米克斯公墓对"地生人"的运用。需要首先指出的是，尽管雅典卫城与凯拉米克斯公墓的"地生人"叙事都非常突出，但"地生人"在两处场所的表达方式有着明显的区别。在雅典卫城，城邦讲述了一个美好的神话，它将起源付诸一位伟大的神祇与一片永恒不变的土地，人的平等在尚未出生之时已经奠定了。而在公墓，葬礼演说几乎忽略了诸神与城邦的建城英雄们，而将全部精力奉献给一个完美的，甚至可能是抽象的主体：城邦（πόλις）。是这个隐形的主体本身而非神话故事为它的人民（ἄνδρες）——这些集"公民—战士"身份于一身的人——缔造了起源本质上的平等。因此，尽管卫城与公墓都在谈论"地生人"，都以平等与同一为核心要义，但从城邦宗教神话之境下到城邦社会的生死场所，"地生人"已经发生了重大改变：它朝向了更现实、更现世的领域，也因此与城邦政治、社会生活乃至意识形态更加紧密地结合在一起。[8]

但这并不意味着隐而不显的"地生人"神话在这个空间中被搁置了，它以转化的方式巧妙地嵌入了公墓的叙事系统

---

[7] 参见 Loraux（1993）42-44，Nimis（2007）399-400，Detienne（2005）71.

[8] 罗茹将这种在演说中不断出现的 ὅμοιος（同一性）视为雅典民主政治更加典型的版本。参见 Loraux（1986）11-12。

之中，从而使得在公墓中活动的人们即便没有亲耳倾听那些故事，也会不时回望那处于高处的卫城，心中回荡起那些远古之音。由此，神话的思想在现实中不是失落了，反而是一次次地得到了强化。这个转换的核心便是大地。由于城邦的生命完全建立在城邦大地之上，大地便成为神话与现实政治共同的载体。在前一章我们提到，雅典大地一方面是"地生人"神话中雅典人起源的根基，另一方面也是城邦的政治性国土——父国，在公墓这个政治性空间中，后者的意义被更加凸显出来：它就是城邦的土地、父国的土地，那片生养了一代代雅典人的土地，也就是那片神话中起源的土地。只要站在凯拉米克斯公墓的土地上，人与土地的连接就已经成功地将存在本身拉回到了神话之境。[9]

而同时，在卫城和公墓间存在着第三个空间，它同样是一片土地。这个空间就是我们上文中简要提及的著名的广场（agora），它以物理的方式最终连接了"地生人"的两种叙事。在广场上的人们或许有着这样的感受：厄里克托尼俄斯及其后代们生于此（雅典卫城），葬于此（凯拉米克斯），并生活于此（广场）——最后，人们成为厄里克托尼俄斯本身，由此对"地生人"神话深信不疑。[10]于是，在宗教与政治的交融来往中，这三个空间组成了一个巨大的网络，成为雅典这个政治共同体的物质性表达，而同时，

---

〔9〕有趣的是，在雅典（而且仅在雅典），在公共葬礼之后会举行一个对地母的祭祀仪式。参见 Jacoby（1944）37。

〔10〕关于凯拉米克斯公墓与广场的关系，参见 Osborne（2007）的详细讨论。

它们又在人们的口耳相传与祭拜中保存着国家神话与历史的记忆。[11]

由于在同一片大地空间之上，一位雅典公民的一生得到了完满的诠释——卫城中的起源神话赋予了雅典人（男人）出生时的身份，而公墓中的葬礼仪式又将这一身份以死亡的形式确定下来——于是，自然而然，这些大地之子就是雅典的公民，这些公民就是参与雅典政治的自由男性，而这些自由的男性就是为国捐躯的城邦英雄。雅典公民最终要为城邦而死。在凯拉米克斯这个死亡的场所，所有的生命意义由此奠定。[12]这是公民的生死归宿，更是政治平等的最终确认；公民——士兵们，无论富贵或贫贱、市民或村民、伟大或无名，都被埋葬在这里，一个人挨着一个人，一个部落挨着一个部落。[13]城邦政治对"地生人"起源神话做出了回应，平等的生死轮回就在雅典这同一片土地上重复上演。在雅典卫城中讲述的故事最终在公墓葬礼的仪式中通过相同的"土地"得到了政治性的肯定，这成为与"地生人"相关的葬礼演说的关键意义。

在这样的空间逻辑中，我们不难看出，此时的公共葬礼与前城邦时代的葬礼相比有着多么大的差别。在前城邦时代的葬礼中，人们并不需要"地生人"神话思想的参与。在荷马史诗《伊利亚特》中，不但"地生人"谱系仅仅是作为

---

〔11〕Loraux（1986）13–14.
〔12〕Loraux（1986）24.
〔13〕关于葬礼形式的详细讨论，参见 Jacoby（1944）。

一个传说被简单提及，而且葬礼也完全是另一个模样。它有着全然不同的内容，更有着全然不同的仪式意义。那时的葬礼显示出来的意义更具个体性特征，它一方面是最亲近之人对死者个人的哀悼（如阿基琉斯对帕特洛克罗斯、普里阿摩斯对赫克托耳），另一方面是整个共同体对死者个体生命意义的赞扬。葬礼的举行并非意味着平等化与个体性的消融，反之，在这个前城邦时代，个人的英勇终于在战死的一刻得到了普遍的承认与敬重。

在荷马时代的仪式中，葬礼意义最突出的表现是为其专门举行的体育竞赛。它是一种仪式性的竞赛，目的就是以非战争的方式重演战争个体对荣誉追求的英雄式图景。英雄的希望、报复、欲望与恐惧因此都集中在英雄个人及其个体家庭之上。[14] 城邦时代却不同。[15] 在民主雅典，城邦公共墓地与公共葬礼演说的出现昭示人们，个人从生到死都是整个公共城邦的一部分，个人的生命意义在于城邦的意义，个人之死也只有以城邦这个主体为依托才具有价值。于是，我们看到了从荷马时代到民主雅典、从个体英雄到城邦公民的巨大转变：此时，个人及其家庭都从属于城邦这个政治共同

---

[14] 在荷马史诗中，英雄是为了个人及家族的荣誉而战（这荣誉当然包括生时人们对他的敬仰与获得大量的礼物，也包括死后人们对他的纪念及其家族的荣耀），特别是在《伊利亚特》中，这一主题表现得十分明显："我到这里来参加战斗，并不是因为特洛伊枪兵得罪了我……是为了墨涅拉奥斯和你……你竟威胁我，要抢走我的荣誉礼物。"［荷马，《伊利亚特》1：150—162。译文参考罗念生（2004）] 阿基琉斯之怒也源于此。

[15] 关于从前城邦时代到城邦时代的具体社会情况，请参见本书"附录"。

体。个人对家庭的责任，转变为个人对城邦的责任。由此，私人关系向公共关系转化。这意味着，个人不再仅仅生活在私人领域，而是首先作为公民生活在公共领域。反过来，公共的城邦也对个人及其家庭提出要求。或许在诸多要求中最为迫切的——就城邦的存亡而言——是个体家庭需要向城邦提供城邦的护卫者以及下一代的公民与士兵。[16]如此，生生不息的繁衍才能保证城邦的延续。他们都是大地之子。

我们看到，在城邦化的过程中，无论是个人还是家庭都被纳入了政治生活的范畴。在公元前5世纪早期，品达（Pindar）的作品就已经清晰地显示出这个趋势。品达出身于贵族家庭，其一生都在经历雅典城邦化和民主化的巨大变革。面对变革，他是一个保守派。贵族的家庭背景使他从心底里认为他的家族比城邦更重要。然而，即便他常常在诗中提到祖先的荣耀以及对过往和平的追忆，[17]品达也很自觉地意识到，此时的家庭生活不再可能置城邦的政治环境于不顾了。[18]所以他在诗歌中无论如何追忆过去的家庭与个体荣耀，在现实的城邦生活中，他所钟爱的主题都不再是主旋律。取

---

[16] 但另一方面，πόλις 不需要家庭不能负担的那部分多余的公民，这往往是后来殖民的一个目的。亚里士多德同样接受了这一原则，在实践的层面，他告诉我们："拥有众多公民的城邦开始变得越来越排外，就像他们做的，他们驱逐了那些只带有一方（通常是女性）奴隶血统的孩子，又驱逐了只有母亲是雅典人的孩子，而最后只承认拥有父母双方雅典血统的孩子。"亚里士多德，《政治学》Ⅶ.4（1326A-B），Ⅲ.3.4–5（1278A）。译文参考吴寿彭（1997）译本。

[17] Brown（1951）3, Race（1997）3.

[18] 参见 Bowra（1964）第三章。

而代之的，是城邦、共同体与祖国。爱国主义（patriotism）成为突出的意识形态。在埃斯库罗斯的悲剧中，萨拉米斯（Salamis）战役这样开始："解放你们的祖国，解放你们的孩子、妻子，你们祖先诸神的圣坛，还有你们祖先的坟茔！"[19] 在这里，祖国或城邦先于所有家庭，并把所有家庭都包括进来；家庭内部的成员被城邦逐一列出——孩子、妻子甚至祖先，他们无一不成为祖国/城邦的一部分，成为所有上战场的公民要解放、保护的对象。[20]

在公民融入城邦的同时，城邦也融入了公民的整体生命之中。一个人从出生到死亡，每一个阶段都与城邦不相分离[21]，甚至连最为个体性的死亡及其葬礼仪式也为城邦所主导。可以说，是城邦决定了个体死亡的意义与方式。普鲁塔克提到，雅典的梭伦、卡戎达斯（Charondas），还有其他一些立法者对盛大奢靡的家庭葬礼一致反对[22]，这意味着公共法律对"死亡"这一极为私人的领域做出了干涉。我们看到，

---

〔19〕埃斯库罗斯，《波斯人》403—405。对比修昔底德，《伯罗奔尼撒战争史》7.69.2。

〔20〕Loraux（1986）52–54.

〔21〕在雅典城邦中，一个雅典人一出生就被他的父亲（κύριος）所接纳，而后被列入其家庭所属的族盟的成员。长大后，城邦开始对他提出要求，他接受军事训练并且按规定服役，为城邦战斗。参加军事战斗是他获得政治身份的基础，而我们发现，一个人的家庭为他提供了公民身份的最初基础，而城邦为家庭提供了其政治参与的正当性源头。城邦的所有话语都向这些公民们宣扬一个中心思想，即为城邦而死才能获得生命最高的价值。这一点，我们将在"附录"中具体分析。

〔22〕普鲁塔克，《希腊名人传》XXI . 4，"梭伦"（Solon）；XXVII . 1–2，"吕库古"（Lycurgus）。

在公元前 5—前 4 世纪，葬礼直接成为公共事务，它不再是家庭内的事，更不再是个人的私事。葬礼的公共化标志着雅典城邦的民主化达到了顶点。[23]

"地生人"正是在此历史境况中从雅典的最高圣地卫城来到低处。在同一片土地的连接中，它首先来到广场上，来到剧场中，最后来到了葬礼演说的现场。它几乎与这个民主雅典城邦的政治环境一拍即合。在这个城邦中，无论是公民身份的个体性，还是个体之于城邦的公共性，或是雅典为人熟知的公民身份的界定（雅典人、男人、自由人），它们都与"地生人"神话中关于大地之子的种种描述相契合。民主雅典城邦，拥有的正是一群独立而期望平等自由与统一的公民，他们为这个城邦战斗，在城邦的存在中寻求人生最根本的意义。这一切，恰好是"地生人"神话所能给予的：通过厄里克托尼俄斯与潘多拉起源神话的结合（我们将这两个神话统一算作雅典"地生人"神话的系统），雅典城邦区分开了男人与女人，并最终确立了男人作为雅典人的独有地位；而大地之子的话语使所有人相信，这些拥有独有地位的男人是平等、同一的兄弟，因为他们同出一母，即这片永恒的大地。他们为这个共同的起源战斗，拼死守卫这个赋予其所有生命价值与存在意义的公共空间——城邦大地。[24]

我们看到，"地生人"神话对于城邦与个体最为重要的

---

[23] Loraux（1986）25–28.
[24] Loraux（1986）39–40.

影响在于它在生存论层面为公民们提供了他们城邦生活所需的意义。公共葬礼，作为城邦战士们生命的最后终点，无疑赋予了公民—士兵们最深刻的存在价值，这是城邦对个体生命做出的最后也是最关键的确认。因此，在公共墓地举行的公共葬礼演说中，"地生人"神话的嵌入使公民与城邦两者达成了最终的忠诚契约，这一契约就是：公民作为城邦大地共同的儿子为城邦战斗，反过来，城邦则以公共葬礼给予大地之子为城邦战斗的最高赞誉。

本节探讨了民主雅典时期出现的公共葬礼与"地生人"神话的密切关联。葬礼就其本身而言，原是一个极为个人化的场合，它标志着个体生命的终结，并承载着相关之人对亡者的纪念。但是，雅典城邦葬礼独特之处却在于，它发生在一个完全公共的领域，所有公民通过"大地之子"的身份与彼此连接。当葬礼进入公共领域，其意义就发生了极大的变化。此时，对个体生命意义的评价，不再是私下与个人的，而是公开与公共的。葬礼诉诸公共群体对死者的认可：这意味着死者的生命意义必定与公共群体的生命意义发生交集。在葬礼中所发表的演讲，即是对这一意义的肯定与宣扬。那么，"地生人"的神话思想是如何在这一政治肯定与宣扬中展开的呢？让我们接下来转向对雅典葬礼演说的讨论。

葬礼演说："地生人"与雅典民主

德摩斯梯尼曾言："世界上只有他们［雅典人］为那些为

国捐躯的公民发表葬礼演说。"[25]可以说，葬礼演说是雅典民主的一个标志性象征，在雅典民主体制中有着极为重要的意义。[26]葬礼演说因此几乎与雅典民主制的历史命运重合。作为一种政治文学，葬礼演说仅仅盛行于公元前5—前4世纪的雅典民主时期，而随着雅典民主的衰落，这一体裁也衰落下去。

在修昔底德的记录中，葬礼演说是公葬仪式的最后一部分。[27]仪式按照祖先的习惯进行：葬礼的三天前，死者的遗骨被运回来，安置在一个事先准备好的帐篷中，他们的朋友把祭品带给死者的家属。在葬礼游行时，死者的遗骨以部落为单位被装在各部落的棺材里，然后人们用四轮马车运载这些柏木棺材。这个游行同时欢迎公民和异邦人参加，而死者的女性亲属则去往墓前致哀。遗骨安葬在公共墓地（即雅典城西北部的狄皮隆门外的外陶区）。遗骨埋葬后，雅典城邦会选择一名他们认为最有智慧和威望的人发表葬礼演说，

---

〔25〕 德摩斯梯尼，《控告勒普提尼斯》（*Against Leptines*）141(text of manuscript 5, corrected by Gottfried Heinrich Schaefer)。

〔26〕 葬礼演说出现在古希腊诸多文献中，例如修昔底德，《伯罗奔尼撒战争史》2.40和5；吕西阿斯演说2、18、20、24；柏拉图，《美涅克塞努篇》；希波克拉底（Hippocrates）演说6；德摩斯梯尼演说4.10；伊索克拉底（Isocrates），《泛希腊集会辞》（*Panegyricus*）等。这些葬礼演说，在各个作者的观念中有着不同的侧重表述，但它们都有着共同的关注，特别是对起源问题的关注。罗茹对于葬礼演说研究的最大贡献在于她将其作为一种特殊的政治文学体裁加以讨论，因此罗茹将历史学方法与文本研究方法相结合，对葬礼演说及其意义做出了全新的定义。

〔27〕 修昔底德，《伯罗奔尼撒战争史》2.34。

讴歌阵亡者。演说之后，众人散去。[28]

从整个仪式的行程来看，葬礼——从亲属的墓前默哀到公共的下葬与吊唁——明显地显示出由私人领域向公共领域的转换。[29] 在此过程中，葬礼公共化的现象尤其典型的表现便是吊唁死者这个环节，即葬礼演说。它是整个转换的终点，作为为死者一生盖棺论定的环节，葬礼演说完全发生在公共场合，并且吊唁者，即发表葬礼演说的人，是由雅典公民民主推选出来的公职人员。人们选择演说者的标准是最有智慧与威望的、拥有公共权威的人，这些人并没有必要像从前一样与死者有任何亲密的关联。与之相对比，死者的朋友和家属并不在葬礼演说中发言，甚至可以说，即使他们在场，也完全对仪式的进行没有任何实质性影响。[30]

同时，葬礼的参与者也标志着这种公共化的转变。他们是一个极为开放的群体。我们看到，他们当中不仅有死者的亲友，还有其他公民甚至异邦人。[31] 因此，与其说这一时期的葬礼是一个对私人死亡的吊唁，不如说它是一个庞杂的公众集会。当个人的生命完全托付于城邦时，不仅是那些只能在墓前致哀的女人被排除出葬礼的中心，连同死者的整个个体家庭也以完全加入城邦的方式淡出了墓葬世界。[32] 城邦本身接管了所有的

---

[28] 参见 Clairmont（1984）关于雅典公共葬礼的考古、铭文与历史证据的讨论。

[29] Loraux（1986）18–20, 22–24.

[30] Shapiro（1991）从考古艺术的角度呈现了从古风时期到古典时期私人吊唁向公共葬礼的转变。

[31] Tzanetou（2005）109.

[32] Loraux（1986）24.

角色，它是死者的父亲、儿子，还是他的继承人与保护者。[33]

那么葬礼演说本身呢？它同样是完全公共化的。演说的内容不再是对个体的缅怀，而是一种对集体的赞美。[34]令人尤为吃惊的是，如果我们期望从演说中得知埋葬的死者的情况，这个期望往往会落空，因为演说家们根本不会提到任何死者的名字。这或许是因为他们宁愿葬礼演说不指称任何特殊的个体而由此完全地公共化。[35]将死者埋进公墓，他们所有的个体差异，无论是个人的或家庭的，还是经济、社会或阶级的，都在这个坟墓里被消除了。城邦自身就是葬礼全程的操办者，是它允诺给所有这些英勇的公民们一个美好的墓穴（a fine tomb）。[36]

值得注意的是，举行葬礼仪式并悉心埋葬死者，这原本是贵族的特权。但此时，城邦因为公民们在战场上全力以赴的付出赋予了他们这种从前贵族才拥有的荣光。如此，整个葬礼充满了高贵的气质。[37]不过另一方面，本质上讲，

---

[33] 这一点尤其明显地表述在柏拉图《美涅克塞努篇》236d 中。

[34] Monoson（1994），Tzanetou（2005）99–104.

[35] Loraux（1986）22.

[36] "A fine tomb"；色诺芬（Xenophon），《希腊史》（*Hellenica*）2.4.17。

[37] 罗茹使用 aristocratique 一词来描述雅典的民主，我将其翻译为"贵族式的"。可以说，是贵族政治想象帮助构建了此时的民主政治理想——雅典男人的民主——而对女人、奴隶以及其他城邦居民的排斥体现出的不言而喻的中心主义表明，这种贵族性是雅典民主不可缺少的，甚至是最根本的因素。Loraux（1986）11，42–46，152 等。Loraux 的这一观点来自 Vlastos（1964），不过 Vlastos 认为修昔底德的伯里克利并非完全赞美民主制，而是对雅典民主与贵族精神做出了清晰的区分。

公共葬礼与昔日的贵族葬礼又不同，因为尽管贵族情怀在葬礼中被保留了下来，但雅典的公共葬礼却是平民的、民主的。这里对死者的赞扬不加区分，它不仅没有区别贵族与平民，甚至连死者的名字都忽略不提。无论是并排摆放死者，还是演说中隐去死者的名字，葬礼所有的形式都指向那个民主的基础：这些公民—战士最基本的存在是平等、同一且无差别的，尽管同时他们又都同样尊贵。

上一章的讨论已然表明，雅典人十分坚定地相信公民之间是平等的并且他们有着强烈的城邦归属感。雅典人作为一个种族（γένος），从出生开始就注定共同属于同一个城邦，而他们平等存在，是源自他们与城邦在生命源头就无法割舍的联系："地生人"。现在，我们将看到，这一思想在葬礼演说中被完全地释放出来。柏拉图在他的葬礼演说中就对此有着十分清晰的表述：

> 通过论证，强有力的证据已然表明，是她，我们的土地，养育了这些逝者与我们的祖先……我们与我们的同类，所有由同一母亲所生的兄弟们，相信我们并非彼此的主人和奴隶；而是，我们有着共同的起源（ἰσογονία），它由自然奠定，这促使着我们去寻找法律来建立起政治上的平等（ἰσονομίαν）。（《美涅克塞努篇》237d—239a）

由于所有人都由同一大地母亲所生，因此他们在起源上成为平等无差的兄弟。起源的平等直接带来了政治身份的平等。只要是出生在这片土地上，"地生人"的后代就有了平等、同一的内在条件。大地作为一个自然概念，加强了这一族群的自然结合，城邦如同一个大家庭。[38] 相同的母亲与相同的祖国等同，这正是城邦可以平等地纳入所有"地生人"公民并赋予他们荣光的根本原因。

由此不难理解，雅典葬礼演说的首要特征就是对城邦（而非个人）的大加赞扬。因为只有有了城邦的伟大，才会有个人的伟大；只有城邦不朽，个人生命意义才会永恒。因而，更极端地说，整个葬礼演说其实并非对个人生命的赞扬，而是对城邦作为共同体主体的赞扬。伯里克利的著名演讲可以说是这方面的典型。他的演讲开始就提到他首先要谈雅典城邦的伟大，亦即雅典民主的伟大，其目的就是要向人们论证城邦（而非个体或其他共同体）才是公民生命的最终归宿。[39] 在整个演讲中，赞扬雅典城邦、赞扬民主政治成为首要内容，因为其民主的特点不仅是如今城邦强大的原因，而且是颂扬所有这些公民死者的基础。由于城邦是强大的，个人生命因其不朽，所以死亡也成为"美好的"了。

美好的死亡（καλός θάνατος） 雅典对死者的演说表明，城邦只在一位公民死去之后才会赞颂他。这是因为只有在为

---

〔38〕希波拉底斯（Hypereides），《悼辞》7："人们谈起雅典人，他们是大地之子〔autochthones〕，不平等的地位却有着共同的出身。"同样，柏拉图也说，"所有兄弟同出一母"。

〔39〕修昔底德，《伯罗奔尼撒战争史》2.36。

国捐躯中，他才彰显出了城邦所赞扬的勇气与美德。葬礼演说中有一个不断出现的对死亡的描述，它是十分经典而且程式化的短语："美好的死亡"（καλός / ἀγαθός θάνατος）。[40] 它专指公民们为城邦牺牲的死亡。这一概念非常重要，直到柏拉图甚至亚里士多德时都仍被认为是葬礼颂词不可回避的一个中心主题。[41] "美好的死亡"意味着高贵而且光荣的死亡。伯里克利的演讲再一次很好地总结了这一高贵的意涵："一个人勇敢地牺牲，就无愧于城邦对他所有的期望了"；"他献出了他最光荣最美好的东西"。[42] 由城邦抚养成人，公民需要证明他存在的理由，为城邦而死便是其存在价值最突出的表现。

　　不仅如此，"美好的死亡"还蕴含着更为积极的意义：公民自愿选择为城邦奉献。这意味着为城邦而死不仅仅是公民对城邦的责任，而且更是他们在捍卫公民独有的自由。[43] 罗茹在这一点上可谓独具慧眼。她点明，死亡之所以美好，不仅因为对于城邦而言，个体为它贡献了生命；而且因为对个体而言，他从中获得了生命崇高的意义，即真正的自由。[44] 在雅典人看来，自由强烈地体现在做出选择的自由意志上。伯里克利宣称，"比起死者的行动而言，我们更多

---

〔40〕Loraux（1986）98–118.

〔41〕柏拉图，《会饮篇》179a-b；亚里士多德，《修辞学》1.3.1359a5。

〔42〕修昔底德，《伯罗奔尼撒战争史》2.43.1。

〔43〕同上书，2.41.5。

〔44〕Loraux（1986）101, 115.

记住的是他们的选择"：他表明最基本的事情不是行动而是其由意愿驱使的动机。公民价值中最关键的，乃是清醒而自由的意志："真正勇敢的人，无疑应是那些最了解人生灾患和幸福不同却又勇往直前、在危难面前从不退缩的人"，"幸福是自由的成果，而自由是勇敢的成果，他们不会在战争的危险面前有所退缩"。[45]这些段落显示，由自由意志选择的行动——参与战争——才真正使得拥有这样意志的人最终获得了自由，这些人才是真正幸福的人。而对于雅典这个民主城邦而言，真正拥有自由的人就是这个"公民—士兵"群体，他们通过主动选择死亡获得了自由的生命意义。自由作为一种划定公民政治身份的高尚品格为雅典人所珍视。[46]在这个意义上，短语 καλός θάνατος 中的 καλός（美）不仅仅是伦理与政治的，而且是抽象与审美的。

　　这里的自由选择意味着公民需要在自我的个体生命与公共的城邦生命之间做出选择，这就需要城邦给出足以让人信服的理由。葬礼演说的目的恰恰在于为在场的所有人提供这样的理由：公民只有通过城邦才能成就个体生命的最高价值。"地生的"公民成为城邦的守护者，他们守护的不仅是当下的城邦，还有这片城邦土地所承载的过去、现在以及未来：城邦的持续稳定与繁荣，正是一代代人不懈奋斗的结果——最后，他们就是城邦本身。[47]当个人选择将他的生命

---

〔45〕修昔底德，《伯罗奔尼撒战争史》2.40.3，2.43.3—4。
〔46〕柏拉图，《美涅克塞努篇》239b。
〔47〕Loraux（1986）106.

贡献给城邦时，他选择的是"最光荣的冒险"[48]，换来的是现在与后代的自由。个体的生命因而拥有了超越本身的生命意义，他们自由选择的英勇行为将得到当代人与后代人的无限赞美。[49]

城邦之于个体的意义正在于此。只有城邦才能使这一赞美万古流芳，只有城邦才能支持自由意志的不断实施。因为所有人共同的母亲——城邦大地——超越了个体生命的界限，只有它，作为一个公共的共同体空间，可以历经世代沧桑而不变，在时间上达致持续与永恒。这是为何个体的所有存在价值必须依赖于城邦，也是为何在提到祖先、父亲与当代以及后代时，伯里克利向听众传达出一个持续不断的永恒的时间观念：过去、现在以及将来，城市总是相同的一个。

更进一步说，这个空间的永恒性具体地体现在城邦大地对所有人的维系之上：无论是祖先、父辈还是当代人，联系着所有雅典人的，总是脚下这一片不变的土地。他们都是大地之子，都是"地生人"的后代。因此，"地生人"在两层意义上将雅典城邦的公民联合起来：一方面，人们直接在

---

[48] 修昔底德，《伯罗奔尼撒战争史》2.42.3。

[49] 对于雅典人而言，为城邦战斗而获得的"美好的死亡"并非一件使人悲伤的事情。因而，在伯里克利的葬礼演说中，我们几乎不见他对死者的任何哀悼语气；反而，演说像赞美词，洋溢着明快的气氛。在公共葬礼中的葬礼词与私下女人的悲痛不同，其演说的悲伤情感十分收敛，甚至试图将听众拉出女性世界的悲伤。因此，毋宁说，这是一篇凯旋式的葬礼演说，最终用英勇的精神将眼泪抹去，鼓励人们继续前进。Loraux（1986）115-118，另参见 Carter（1991）224。

起源上与土地发生没有断裂的关联，他们生活在同一片土地上；另一方面，更深层的，这片永恒的土地向一代代人传达着共同的记忆，人们得以分享共同的历史。在空间的支撑下，流变的时间得以静止，它确保了个体以集体记忆的形式被保存下来，不至于因其生命的终结而被遗忘。活在城邦的记忆中才真正确保了个体生命意义的不断更新。[50]当城邦赞扬公民的祖先时，他们看见了自己的未来，后代将以同样的方式赞颂他们。[51]每一代人，都仅仅是暂时性的化身。由此，个体的生命得以毫无保留地全部托付给"美好的死亡"，托付给永恒的城邦。

个体性的消亡是其生命在城邦中延续的代价，反过来，只有个体完全地融入城邦，他才可能在城邦中永存。事实上，是城邦而非个体占据了个人生命的本质。[52]如此，公共葬礼演说中对个体姓名未置一词似乎是一个极好的策略，它在最大限度抹去个体差异的同时，也为个体融入城邦提供了最大可能。出生与死亡从此不再是私人的，而是公共的；个人生命所面对的时间维度，从个体短暂性的占有中抽离出来，回归公共的、无分差的永恒。此时所有个体相互平等。

这里的平等当然不仅显现在共时性的维度中，它在历时

---

〔50〕吕西阿斯的葬礼演说中就声称，"尽管自然要求我们将他们当作有死之人来哀悼，他们的英勇却要求我们将他们当作不死之神来颂扬"。参见吕西阿斯演说 80。

〔51〕柏拉图，《美涅克塞努篇》241c。见 Carter（1991）231 的分析。

〔52〕Loraux（1986）130.

性的维度中也体现出来。演说中不断提到的祖先、父亲以及当代人自己，都被维系在同一片土地之上。这不仅意味着所有人都分享了历史的永恒，而且意味着所有人在同一时刻相遇。雅典城邦的时间、公民整体的时间以及死者的时间合为一体。这一具有连续性的时间维度，可以从过去一直延伸至当下以及未来。因此，"地生人"不仅赋予了在同一空间中的雅典人以平等的起源，它甚至在凯拉米克斯公墓这里模糊了起源概念、时间概念以及代际概念。因为所有雅典人都从同一片大地出生，所以无论是祖先、父辈还是当代人，在某种意义上都是相同历史的再现。[53] 这种代际界限的模糊使得所有个体成为完全平等的个体，甚至连父子的关系都隐退其后了。于是，当公共葬礼演说在城邦中一次次上演，当"过去—现在—未来"的形态将所有雅典人纳入一个共同的历史维度之中时，不仅个体的最高价值得到了共鸣与认同，而且民主雅典城邦的核心价值——"平等"与"同一"——也同时得到了强化。

当演说家公开赞扬死者时，葬礼演说同时触碰到了雅典人的共同记忆以及听者的个人记忆，由此葬礼演说的对象绝不仅仅是那些已经为国捐躯的英雄，还有那些在广场上活着的人们。[54] 他们也是参与、制造共同记忆的人，是城邦现

---

〔53〕公元前4世纪的演说家常常要追溯之前的时代，因而他们往往将任何新的行动都视为对之前那些行动的模仿。"很清楚的是……在我们祖先那儿发生过的情形，会再次在我们身上重演，因为同样的政策总是可能从相同的行动中得出。"参见伊索克拉底，*Areopagiticus* 78。

〔54〕Shear（2013）认为，演说本身就是为了制造共同体的记忆。

在的维护者，更是城邦未来的希望。[55]因而伯里克利在他的葬礼讲辞中特别强调，要请活着的人保证，他们未来的行为将会守护现在的荣誉，并鼓励他们像死去的人一样前仆后继地奔向战场。[56]在这段演说中，尤其值得注意的是，伯里克利不断变换着"我们"所指称的对象——"我们"有时指整个雅典城邦，有时指死去的雅典人，有时包括了历史与祖先，有时仅指活着的这些人。通过有意混淆这个指称所指代的对象，葬礼演说最终将"我们"全部纳入同一个时空包围的世界，然后这个世界通过起源将所有人联系起来。"我们"成了"我"，"我"既是个人也是城邦。演说者的演说，也成了城邦的演说。这时，城邦与城邦内的个人达成了最高的平等和同一。

他者　不过，无论是在卫城之中还是在凯拉米克斯公墓中，民主雅典的平等性原则都只存在于城邦里那个特殊的公民群体之中。这是因为雅典的"地生人"所诉诸的起源仅仅是雅典这片有限的土地，这本身就意味着一种区分，它以城邦的地理空间与历史时间为界，将雅典人与其他人划分开来。[57]尽管在雅典公民内部人们是平等同一的，但这些公民与外部相比，却有着不可超越的优越性。演说中不断出现自我与他者的区分，这种区分正是基于"地生人"神话对雅典公民群体同一性的建

---

〔55〕Loraux（1986）121–123.

〔56〕修昔底德，《伯罗奔尼撒战争史》2.43.1。

〔57〕见本书第一章的讨论。

构。[58]通过赞扬雅典人与雅典大地在生存上的直接联系[59]，葬礼演说试图显示出雅典公民在起源上的独一与高贵——只有雅典公民是从这片土地起源，任何其他种族都没有也无法分享这一殊荣。由此，"地生人"为雅典的自恋情结提供了强有力的支持，它赋予民主制中的雅典公民一个贵族式的傲慢图景。[60]

的确，演说者交替使用"好的出身"（εὐγένεια）与"由大地而生"（αὐτοχθόνια）两个词，这是在不断向人们指明"地生的"雅典人之为雅典人的独特性与高贵性。亚里士多德对此表示认同："对于人民或一个城邦而言，好的出身意味着拥有古老（ἀρχαίους）与本土（αὐτόχθονας）的根源。"[61]这就是说，雅典人自始至终都来自同一片未曾变更的土地，因而这个世系与任何其他种族相比都更能保持相同的、纯粹的、没有污染的血统。正如伯里克利在演讲中所言："他们都是同样的人，总是一代接着一代（οἱ αὐτοὶ αἰεὶ οἰκοῦντες）。"[62]

〔58〕伯里克利讲辞的前半部分都在辨别雅典城邦相对于其他城邦的优越性。修昔底德，《伯罗奔尼撒战争史》2.37.1："我们的宪法成为其他城邦模仿的范例"；39.1："我们的军事政策，也与我们的敌人有所不同"；40.4："我们的慷慨大方也同样是与众不同的"，等等。

〔59〕吕西阿斯演说20；柏拉图，《美涅克塞努斯篇》239a7；希波拉底斯，《悼辞》7。

〔60〕关于雅典的"自恋"，参见 Loraux（1986）149 以及 81，83，263–271 等。

〔61〕亚里士多德，《修辞学》1.5.1360b5。

〔62〕修昔底德，《伯罗奔尼撒战争史》2. 36.1。δἰκεο（居住）一词，被雅典人挪用了，这个表达被用于强调 αὐτόχθων 的身份与独特性，这个特殊的"居住者"从他们自己的土地（soil）中起家，所以"他们都是同样的人，一代接着一代（οἱ αὐτοὶ αἰεὶ οἰκοῦντες）"；而且"在所有的人类中，他们是唯一居住在他们出生的土地上的人（μόνοι πάντον ἀνθὸνπον [...] οἰκεσᾶν）"（德摩斯梯尼，*Funeral Oration* 4）。

在雅典人看来，纯粹、同一与高贵就是同义词。正是由于这种种族的纯粹性，雅典人在本质上生来就是最高贵的希腊人。正是基于这一点，雅典人与非雅典人做出了真正的区分。他们甚至由此得以正当地憎恨那些"杂种"的外族人。[63]雅典人认为，他们与其他希腊人最大的不同就是，他们是纯种的，而其他希腊人却是混血的：那些希腊人其实是金玉其外败絮其中，因为他们本质上是混血的野蛮人。在这个意义上，我们看到了"地生人"话语在民主雅典城邦中巨大的力量：它的成功不仅是由于它赋予了个体生命对崇高精神、自由意志的向往，而且它使处于"平等"中的公民感受到高贵，为拥有它的人带来无限优越感。由此，"地生人"形成了雅典公民内部对其自身身份的高度认同。[64]

　　而无法拥有它的人呢？自然是天壤之别。在雅典与非雅典的鲜明对比中，那些"他者"（女人、奴隶、外乡人）受到了雅典共同体严格的区分与排斥。在这一点上，城邦的政治现实与"地生人"神话的意涵出奇地相通："平等"与"同一"只是雅典男性的特权，而奴隶、女人以及非雅典人却被毫不犹豫地排除在外，并被湮没在历史的黑暗之中。

　　再次沉默的女人　　在第一章"地生人"神话的讨论中

---

[63] 柏拉图，《美涅克塞努斯篇》245："我们对野蛮人有着天生的憎恨，因为我们是纯粹的希腊人，没有与野蛮人混合在一起……我们是真正的希腊人，不与野蛮血统为伍，从此对异族的纯粹的憎恨就灌输进了我们的城邦。"

[64] Wohl（2002）第一章尤其强调这种"高贵性"所触发的雅典及雅典人的自恋与对城邦的爱。

我们已经看到，女人在雅典生育起源的想象中是缺席的。在城邦政治中，我们再次看到，"地生人"的政治性话语同样将女人排除在外。从神话一直到政治，雅典城邦对女人保持着一贯的排斥态度，不仅在民主制度中这是一个无须多论的事实，而且在公共葬礼中我们也十分清晰地看到这一点：除非直属亲戚，女人一般不被允许出席公开的葬礼场合。她们可以私人在墓前致哀，但之后公共葬礼的活动就再也不需要她们的参与了。[65]因而，在葬礼演说中，"女人"似乎根本不被考虑为演说的对象，演说家们或是完全忽视她们，或只是非常偶尔地提及。伯里克利的葬礼演说或许已算是给予了女人足够的重视——至少，他承认她们的存在并且提到了她们。只是，女人的地位如此之低，以至于我们到演说的最后才发现了她们的寥寥身影。

> 现在我必须同样说一说女性的美德，特别是对你们这些现在变成寡妇的女人们，我要简短地给予你们忠告。你们的伟大光荣乃是不要从你们的性别中退场：尽可能少地在男人中间咕哝个没完，无论你们说的是好话还是坏话。(《伯罗奔尼撒战争史》2.45）

在论及女人时，伯里克利的语气一下子冷淡下来。他

---

〔65〕Holst-Warhaft（1992）5 指出，在古风时期到雅典民主时期的转变过程中，葬礼仪式中重要的女人的哀悼被葬礼演说代替了。这正是女人退出整个公共葬礼的明显例证。

先前对民主制与雅典公民赞扬的激昂情感忽然收敛，换之以训诫的口吻去面对那些或许根本就不在场的女人们。演说似乎没有给予失去丈夫的寡妇们或失去儿子的母亲们一点安慰，倒是旧事重提，又一次强调了女人们的美德：沉默与消失。城邦对女人们的要求很简单，"不要说话"就是女人应有的行动。换言之，对她们而言，女人从政治场合中退场才是明智之举。原因很简单，伯里克利在此之前的长篇颂扬已经表明：雅典人的光辉只有雅典男性公民才可以拥有，他们的自由、民主、平等这一切的权利都与雅典男性种族以外的族群无关——当然，这首先就与女人无关。这个在"父亲与母亲"层面上企图与男性平起平坐的族群是最危险的"他者"，因而必须被严格控制。所以我们看到，以起源划分疆界的民主雅典首先就对女性在城邦中的存在予以了彻底的否定，而恰恰是起源神话为女性在城邦政治中的缺席提供了正当性依据，并将这一政治格局稳固了下来。通过起源神话的意识形态论证，城邦光明正大地排除了女性在城邦政治中的存在空间，并说服她们接受这一现实，原因在于她们天生或本性上就不是雅典人，她们从未被纳入"地生人"的范畴之中。

葬礼演说作为霸权话语　如上所述，葬礼演说的中心目的首先是对城邦的赞扬，但随着雅典日益走向帝国主义扩张，对城邦的赞扬实际上逐渐成为对雅典帝国主义的赞扬，这种赞扬转而又为雅典帝国的扩张提供了意识形态的基础。[66] 在"地生人"的政治语境下，一方面，葬礼演说无异于要雅典公民为雅典帝国主义贡献生命；另一方面，出于同样的目的，葬礼演说必然会更加强调雅典的纯粹性以及雅典自我与他者的区别，这排斥的不仅是"女人种族"，而且是所有其他希腊城邦。因而，虽然演说同时面向公民与非公民听众，两者所得到的信息却是十分不同的。在伯里克利的话语中，自我与他者显示出明显的高下之别，雅典城邦的高贵精神是以其他城邦的野蛮为对比的。在民主开放的面纱下，我们很容易就能察觉到雅典城邦 / 帝国压制外邦人、敌人甚至盟友的欲望。作为团结一致的共同体，他们将外来者拒绝于城邦之外。因而，对民主制的赞扬越是肯定雅典独一无二的优越性，越是意味着雅典对其他政体和城邦的贬斥——雅典民主之外均为非民主的独裁统治，只有雅典才是美好世界。[67]

然而，外邦人的在场却又是必要的，因为他们是雅典意识形态上得以炫耀的对象，是雅典公民强化其身份认同不可或缺的参照物。在雅典葬礼演说中，我们从来都不完全清楚，城邦到底是在对谁发表演说：是对城邦自身，还是对"他人"。[68] 不过，无论听者是"公民"还是"非公民"，演说都十分清晰地表明了雅典人和外邦人在源头上的区分：两者的不同乃是自然上的差别，亦即"雅典地生人"与"非

---

[66] Forde（1986）80-81; Loraux（1986）57-58, 79-98.

[67] Loraux（1986）163.

[68] 例如，见修昔底德，《伯罗奔尼撒战争史》2.40.4，柏拉图，《美涅克塞努篇》237b7，德摩斯梯尼 8。

雅典地生人"的差别。[69]事实上，"外邦人"成为一个象征性符号，"他者"以在场的方式沉沦了自身，成为次要的甚至从属的存在。在葬礼演说的现场，他们见证了雅典人的勇气与力量，与雅典人一同赞扬雅典城邦的荣光。于是，整个雅典在城邦内外都获得了普遍颂扬[70]，甚至获得了敌人的艳羡。[71]在演说中，城邦的优越与雅典人的优秀互为表里，它们共同作为各个城市的模范向整个希腊世界展现。演说者的说辞无疑是高度修辞性的：葬礼演说的基本主题从来都不是帝国赤裸裸的权力，而是领导权与霸权——它暗示雅典是所有城邦中最优秀的。这种优秀不仅是卓越的政治与军事实力，更带有精神与文化的绝对优越感。

然而，随着雅典帝国的扩张，雅典日益与其他城市对立起来。在修昔底德的《伯罗奔尼撒战争史》中，我们可以看到，在战争初期，雅典至少还倾注一些精力与其他希腊城邦辩论"谁才符合正义"，不过到了著名的米洛斯谈判，雅典人对唯雅典正义论的宣称已经变得十分赤裸："当今世界通行的正义的规则是，正义的基础是双方实力均衡；但同时我们也知道，强者可以做他们能够做的一切，而弱者只能忍

----

[69] Lape（2010）讨论了这种排他性，Gotteland（2001）研究了雅典在其历史叙事中如何对待其他希腊城邦的起源。

[70] 修昔底德，《伯罗奔尼撒战争史》2.39.4，2.41.4，柏拉图，《美涅克塞努篇》237c6，237d1–2，241c8–9。

[71] 修昔底德，《伯罗奔尼撒战争史》2.41.3，柏拉图，《美涅克塞努篇》243a5–7。

受他们必须忍受的一切。"〔72〕因其自足的政治想象以及城邦对同一性的追求，雅典人迫使雅典之外的一切事物都归于沉默了。

当自我成为唯一，这既是雅典最繁盛的一刻，也是雅典将要衰亡的一刻。或许雅典正是由于其民主制必然要求的同一性而走上了孤立的道路。排斥他者的过程同时成为自我孤立的过程。〔73〕当这个城邦不需要任何其他"他者"作为参照时，它变得不再稳定，极容易在外部压力与内部冲突下骤然瓦解。〔74〕但反过来，我们也可以说，正是这种不稳定性成为雅典一再向前的原因：如果雅典要追求绝对的优越地位，就需要不断挑战自我驱身前进。所以，在论及雅典民主制追求的平等性和同一性时，它对雅典城邦的历史影响可谓是成也萧何败也萧何。

然而，无论雅典民主制的结果如何，在追求"同一性"的道路上，它必然是不可能成功的。原因在于政治生活或现实生活必然是充满异质性的，而雅典民主在其意识形态上却

---

〔72〕修昔底德，《伯罗奔尼撒战争史》2.5.89。

〔73〕《美涅克塞努篇》中就反讽性地展现出来这一后果："我们的战败是我们自己造成的。我们绝不会被敌人征服，时至今日，我们仍没有被敌人征服，但我们成了自己的征服者，我们用自己的手把自己打倒了……为了坚持我们高贵的情操，我们再次被孤立，我们又落到从前被征服的境地。"（243d–245e）

〔74〕正如罗茹注意到，在雅典民主制衰落后，宣扬同一性的葬礼演说也随之销声匿迹了，公共的葬礼演说作为一种政治文体在 322 年之后就不再盛行。希波拉底斯的葬礼演说几乎成为这一文体的绝笔。Loraux（1986）279。

致力于消灭这种异质性。神话毕竟不能代替现实，当神话进入现实时，它与现实的冲突将很难被掩盖。由神话尤其是起源神话奠定的民主意识形态究竟能走多远，这成为民主雅典中后期越来越受关注的一个重大问题。当"地生人"排除以两性生育为核心的自然基础，以人为的创造拒斥所有自然的关系，极力以文明对抗自然、构建文化的优越性时，这一建构便在社会的自然层面受到质疑——神话与政治意识形态并非城邦生活的全部，在现实社会中，人类仍由父母生出，女人、家庭仍是共同体不可或缺的支持者。当生于"一"的"地生人"神话面对生于"二"的现实社会，神话与社会总是无法解决两者之间潜在的矛盾与结构性张力。尽管我们可以认为，神话与政治意识形态在很大程度上以一种文化建构的方式赋予城邦公民积极而且高贵的生命价值，但被强力排除的女人以及家庭无论是从文化还是自然方面都极有可能会不断挑战甚至消解这种建构的文明。雅典人本身对此有着很强烈的自觉意识，他们在诸多时刻都对"地生人"神话所建构出的"一"深深担忧。在接下来的两章，我们将转向雅典自身对这个城邦政治神话的反思。首先，我们将会看到，悲剧深刻地追问了"地生人"神话在雅典社会、政治与共同体中可能出现的种种问题；然后，我们将会探讨哲学如何以另一种方式对"地生人"神话做出回应。

第三章

悲　剧

正如笔者在引言中提到的，悲剧作为民主雅典的另一个重要场所，也不断上演着"地生人"神话。不过，在悲剧这个特殊的文学空间中，"地生人"叙事发生了诸多变化。最明显的一个改变就是"地生人"神话不再是简单地被呈现，而是受到了悲剧的质疑甚至挑战。

尽管雅典的戏剧竞赛是民主城邦节庆泛雅典娜节的一部分，大酒神节也的确具有浓厚的政治宗教意味[1]，但与前章我们所讨论的葬礼演说不同的是，悲剧并不完全是政治的代言人。从空间上来看，狄奥尼索斯剧场并不在雅典政治城邦的广场上，它在广场外，与雅典政治演说（广场）以及公民议会（普尼克斯山）区分开来。悲剧因此是一个特殊的区域，相对独立于纯政治的场所。所以尽管雅典戏剧整体上保持着对城邦政治持续而浓厚的关注，但它因与政治环境的天然疏离而获得了一个超越政治甚至反思政治的空间。如果说葬礼演说是地道的城邦政治意识形态的宣扬，那么，悲剧就在此之外又增添了对之演绎、反思甚至批判的因素——众所

---

〔1〕　Goldhill（1992）14–15.

周知的欧里庇得斯的怀疑论调尤其如此。

在本章的讨论中，笔者选取了欧里庇得斯的两部悲剧作为雅典戏剧对"地生人"反思的范例。其一是《伊翁》，它讲述了雅典"地生人"建城者的后代伊翁的故事，在悲剧中，伊翁回归雅典恰恰是对"地生人"的某种形式的反转；其二是《酒神的伴侣》，在这部悲剧中，我们将看到酒神狄奥尼索斯与"地生人"之间不可消解的冲突，这些冲突显现了悲剧对"地生人"文化建构的挑战与质疑。

《伊翁》：拯救私生子

《伊翁》是欧里庇得斯最令人眼花缭乱的戏剧之一[2]，它的情节错综复杂，时常令人难以解释。就《伊翁》本身的主题而言，学界的解读五花八门，有的认为它处理了宗教与怀疑论的问题，有的则偏向神圣与世俗或神话与现实的悲剧性理解。尽管各种解释有其侧重与道理，但有一点是诸多学者都不会否认的，这便是：《伊翁》是一部关于雅典的悲剧。雅典是此剧唯一的对象，伊翁是雅典卫城唯一的悲剧英雄。

就情节而言，悲剧的转机性人物是一个女人，克瑞乌莎（Kreousa）。[3]克瑞乌莎作为戏剧的关键性人物不仅贯串全剧，而且在复杂的情节中，所有事件都指向了她本人。她是"地生人"厄瑞克透斯的女儿，伊翁的母亲，阿波罗强奸

---

〔2〕 Zeitlin（1996）285.
〔3〕 Loraux（1993）184.

的对象以及克苏托斯（Xouthos）的妻子。所有冲突都围绕克瑞乌莎的行动展开，而最终冲突的结局也以克瑞乌莎为核心。当观众将视线聚焦于克瑞乌莎时，她的特殊身份指明了戏剧主题最终的去向：她来自雅典，最终也要回到雅典。所以，尽管戏剧发生在德尔菲，但所有事件的本质都从德尔菲指向了雅典的中心地带，并且指向了高耸的雅典卫城。在那里克瑞乌莎真正的儿子伊翁曾经几乎死去，颠覆性地重演了厄瑞克透斯之父厄里克托尼俄斯的故事，但同时也在那里，伊翁最终回归，重获并延续厄瑞克透斯的"地生人"谱系。因此，清楚的是，此剧最重要的主题正是"地生人"，《伊翁》是关于雅典"地生人"的悲剧作品。

　　不过，正如笔者上文所言，作为悲剧，《伊翁》所演绎的"地生人"故事更加复杂，不同于单纯的神话讲述。由于此剧被设定在了一个与起源神话完全不同的历史背景之中，因此，整个"地生人"的故事意涵在悲剧中发生了根本性的改变。我们将会看到，伊翁并非"地生人"的起源始祖，而是他们的后代，他天然处于现实世界的两性社会之中，因而相较于"地生人"起源神话中的厄里克托尼俄斯，伊翁无论是出生还是象征性的再生都掺杂着神与人、男人与女人、两性生育与"地生人"等更加错综复杂的关系。可以说，伊翁对"地生人"的重演并非简单的雅典身份的再现，而是将一个更加丰富、充满冲突与互动的现实世界带入了观众的视野。笔者将指出，恰恰是这一复杂性将"地生人"神话本身的深刻与张力体现了出来。"地生人"的起源是富有浪漫主义色彩的，但对"地生人"神话想象的真正挑战并不在于其诞生的时刻，而是在建城之后的漫长岁月之中。

《伊翁》的故事

这是一个关于拯救的故事。故事以一场生育灾难开始，最终以对这场灾难的拯救结束。主人公伊翁一出生便注定要被"铲除"，因为他是不合法的两性生育的产物。他的生母克瑞乌莎是雅典"地生人"国王厄瑞克透斯的女儿。在这个后"地生人"的两性时代，确保"地生人"种族纯洁性的乃是对两性结合的严格控制——婚姻。然而，克瑞乌莎还没结婚就被阿波罗强奸了，结果生下私生子。私生子严重地威胁到了"地生人"城邦的"纯一性"，破坏了"地生人"一向坚守的纯正的起源。这个孩子不可能也必然不能受到雅典社会的承认。于是克瑞乌莎不得不残酷地阻止这起生育灾难的蔓延。她将刚出生的孩子置于篮中，并抛弃在野外高处的山洞里，希望他自生自灭，远离雅典城邦。自此以后，克瑞乌莎对这段往事闭口不提。

小孩的生父阿波罗出于怜悯派赫耳墨斯救了他，把他带回德尔菲作为神庙的仆人养大成人。克瑞乌莎对此全然不知。阿波罗希望寻找时机将这个私生子送回雅典，使他获得雅典人的正当身份。最终，时机到来。由于克瑞乌莎与外邦人丈夫克苏托斯多年无子（克瑞乌莎是作为雅典对克苏托斯为其赢得战争的奖励嫁给克苏托斯的），两人便来到德尔菲阿波罗神庙询问祈祷。阿波罗告诉独自走进庙中的克苏托斯，在他走出庙门后遇到的第一个人就是他的孩子。克苏托斯巧遇正在神庙外洒扫的阿波罗与克瑞乌莎的私生子，于是便在克瑞乌莎不知情的情况下将他纳为自己的子嗣，给他取名为"伊翁"（意为"出来的人"），并要把他从德尔菲接回雅典。

然而，阿波罗此次送回伊翁的计划几乎失手，因为得知此事之后的克瑞乌莎既愤怒又绝望，她认为克苏托斯新认的外邦小孩已经成为雅典这个致力于保持"纯一性"的城邦的最大威胁。为了保护厄瑞克透斯"地生人"一族的谱系，防止克苏托斯与他的孩子夺取雅典的统治权，克瑞乌莎计划杀死伊翁。克瑞乌莎自然不知道这个小孩就是她之前与阿波罗所生之子。她只自顾自派出老仆在伊翁的认亲庆祝酒宴中送去滴入戈耳工毒血的祝酒，企图将他毒死。

为了挽救危局，阿波罗向宴会送去飞鸟，飞鸟饮下毒酒而亡，这使得克瑞乌莎的计划最终暴露。伊翁知晓后决意向克瑞乌莎复仇。正当伊翁将克瑞乌莎逼入绝境时，阿波罗的祭司带着伊翁被丢弃时的篮子出现，阻止了这场复仇，再度挽救危局。母亲克瑞乌莎通过篮子认出伊翁就是她多年前所生的孩子，她当年想要掩盖的一切最终被揭露。这时，雅典娜降临了。雅典娜化解了克瑞乌莎与伊翁的冲突，她确认克瑞乌莎就是伊翁的生母，并认可了伊翁作为雅典人的身份。雅典娜预言伊翁将继承祖先厄瑞克透斯一系的力量，统治雅典的一方领土。

悲剧与拯救：私生子的命运

《伊翁》情节复杂，它到底希望讲述什么呢？诸多学者达成共识，认为《伊翁》的整个叙事线索集中在"转换"上：这是一个关于死亡与再生的故事。[4] 的确，伊翁经历了多次死亡与再生：他生下来作为克瑞乌莎的私生子原本命定要死，是阿波罗救回了他，让他在远离城邦的神庙中获得第一次再生的机会；尔后他成为克苏托斯之子获得了第二次"再生"，他有了名字，成为一个即将进入社会的人，不过这次新生却又几乎要了他的命；当他第三次再生，亦即成为克瑞乌莎所代表的厄瑞克透斯家族的一员时，伊翁才最终获得了作为雅典人的生命。不过，这一系列的"死亡与再生"究竟意味着什么？笔者认为，所有这一切实际都指向了一个最后的拯救，是这个拯救勾勒了整部悲剧作品的题中之意：如何赋予非法生育的私生子一个合法的社会身份，亦即，如何使这个本来注定要被驱逐的个体真正在城邦共同体中受到接纳与承认。

正如特勒马科斯在《奥德赛》的开篇所言："我母亲说奥德修斯是我的父亲，但我并不清楚。没有人真正知道他自己的父亲是谁。"（《奥德赛》1.215—216）[5] 由于两性生

---

[4] 伊翁最后一次再生时，他与他亲爱的母亲相拥，称自己是"死了却又没有死的人"：ὸ κατθανών τε κού θανὼν φαντάζομαι（《伊翁》1444）。关于死亡与再生（death and rebirth），参见 Loraux（1993）187, Goff（1988）46, Burnett（1962）97, Zeitlin（1989）150–157, Segal（1999）。

[5] Zeitlin 在分析文本时还借用了 Hortense Spillers 有趣的说法："妈妈的孩子，爸爸的可能"（Mama's baby, Papa's maybe），参见 Zeitlin（1996）289。

育最终都由女性孕育子嗣，因而只有母亲才清楚谁才是与她结合生下小孩的真正父亲。当雅典进入后"地生人"时代，生育起源中"纯一性"的问题就变得更加突出。这也成为伊翁身份的中心问题。作为单性生殖"地生人"的替代，两性生育如果要符合雅典"纯一性"的期待（即，雅典公民是且只能是纯雅典公民的后代），那么两性的结合就必须处于严格的监管之下。在雅典的女人不能被雅典丈夫以外的男人玷污，只有杜绝婚外的两性结合，子嗣的父系来源才有所保障。这是维护、控制血统纯洁最有效的方式，也因此被雅典认为是其保有种族纯一性的关键。然而，恰恰在这一点上，克瑞乌莎犯了大忌。她不仅被阿波罗奸污，还因此产下了伊翁。这个私生子无论如何都与强调"纯一性"的雅典价值相悖。更为讽刺的是，伊翁这个私生子居然正是"地生人"后代的后代。

这是一个不可化解的冲突，也是两性关系中沉重而不可告人的阴暗面。克瑞乌莎未婚生育伊翁不仅是不被祝福的，而且是不会有任何希望的。这是为何伊翁一出生，面临的唯一结局只能是被驱逐出雅典——要么流浪他乡，要么直接死亡——他不可能在克瑞乌莎这里得到正当的社会身份，也不可能作为私生子光明正大地留在雅典城邦。这也正是克瑞乌莎对这个私生子的处理方式，她把他扔在雅典城邦之外的山崖之上，任其自生自灭。克瑞乌莎通过极力否定她被阿波罗强奸的事实来维护"地生人"的雅典秩序，甚至不惜以牺牲亲生骨肉的生命为代价，这显示出了这位"地生人"后代对"纯一性"价值毫无退让的坚守。然而，另一方面，对于伊翁而言，克瑞乌莎对他的抛弃却坐实了他作为私生子的身份——从此，伊翁没有父亲，也没有了母亲。如果伊翁还要作为"地生人"的后代回到雅典，那么他首先必须解决的问题便是从他作为私生子的历史中走出来。

转变的过程，即拯救伊翁身份的过程，自然相当不易。伊翁经历的反转如此剧烈——从神圣之所德尔菲到人类社会雅典、从一个低贱的私生子到不仅合法而且光荣的城邦统治者、从两性生育的产物到"地生人"的后代——他的新生要求一种断裂式的蜕变。那么为何伊翁的转变如此困难？究竟是什么在阻碍他的回归，又是什么最终使得雅典接纳了他？这些问题引导着《伊翁》情节的发展。因此，我们将围绕伊翁身份转变的线索展开接下来的讨论。

阿波罗与克苏托斯：父亲的拯救

上文提到，伊翁面对的最大困难乃是，在那个后"地生人"的两性社会，他并没有出生在合法的婚姻之中，因此他无法从一对亲生父母的生育中获得正当的社会身份。不过观众或许会立即发现，事实上伊翁并非没有"父母"——他曾经有机会拥有不止一对而是两对父母，一对是阿波罗与克瑞乌莎，另一对是克苏托斯与克瑞乌莎，而讽刺的却是，这两对父母无论哪一对都难以为伊翁提供有效的身份基础。

克瑞乌莎与阿波罗实际本应是伊翁最合法的身份提供者，因为正是他们在两性交合中生出了伊翁。然而，人神之别却使两者之间产生了巨大的断裂。克瑞乌莎与阿波罗属于完全不同的两个世界，他们的结合注定不可能在一个常规的社会中获得合法性。[6]那个凡人女人生活在雅典城邦，而那个男神却久居奥林波斯山上。很难说他们之间除了伊翁这个结合的产物之外还可能有任何交集。我们看到的反而是这对亲生父母在不断地分离：阿波罗在山洞事件之后就再也没有出现过；克瑞乌莎生下伊翁甚至抛弃伊翁时阿波罗都不在场；阿波罗后来将伊翁作为神庙的仆人把他带去德尔菲，克瑞乌莎作为生母也完全不知情。伊翁与这对父母之间没有任何信息的往来[7]，以至于在伊翁的谱系图中，他从未成功地拼凑出他与血缘父母之间关系的完整图像。

那么人间夫妻克苏托斯与克瑞乌莎呢？他们在人类社会组成了正常的家庭，这似乎至少可以为伊翁提供一个完整的社会身份。然而，遗憾的是，伊翁毕竟不是这对合法夫妻

---

[6] 《伊翁》330—360。在史诗或纯粹的神话维度，这个问题很简单：神的孩子并不是私生子。参见 Lacey（1968）103 的评论。但在悲剧中，神的孩子是没有合法性的（例如本剧第 1541—1543 行）。这个观念在喜剧中也是如此：在阿里斯托芬的《鸟》中，赫拉克勒斯是 nothos，他处于丧失继承权的危险之中（1649—1670）。因而，悲剧中克瑞乌莎的羞耻则具有十分独特的意义，这一意义或许来自"强奸"，而非正常结合。

[7] 即便阿波罗救了伊翁，他也并没有主动与他建立真正的父子关系。他因人神之别拒绝向这个私生子透露他的真实身份。伊翁并不知道他的亲生父母是谁（《伊翁》308—320）。戏剧清晰地显示，在伊翁与阿波罗的关系中，伊翁只是一个不大相关的被寄养者。他总是在神庙的门槛外打扫，在门槛外提醒来到神庙的外人，自己却从没真正居住于阿波罗的神庙之中。此时伊翁的世界与阿波罗的世界有着明显的界限，他是阿波罗世界的"他者"。

的亲生孩子，他们很难同时给予一个私生子真正的亲缘关系。上文中提到，在这个后"地生人"的两性社会中，私生子，尤其女人的婚外私通是不被接受的。这是为何在克瑞乌莎生下伊翁后，她无法将其留在城邦中抚养。而如今克瑞乌莎结婚，有了丈夫克苏托斯，此时要通过克瑞乌莎来带回她的私生子并让没有血缘关系的克苏托斯认其做子更是绝不可能。

于是，如今的情形是，生父阿波罗神不可能成为凡人伊翁的父亲，而拥有城邦社会身份的克苏托斯不可能接受克瑞乌莎的私生子而成为他的父亲。在这两个分裂的家庭关系下，伊翁的身份根本无处安放。要拯救私生子，必须为他寻找新的身份基础。此时阿波罗计划选择克苏托斯——既然克苏托斯不会承认一个与他无关的私生子，那么，至少他会接纳一个属于他自己的私生子。阿波罗希望伊翁通过拥有一位名正言顺的"父亲"而获得进入社会的许可证。这是阿波罗的一个大胆的尝试。

于是，我们看到了一个颇为喜剧性的场景（517—554）：阿波罗故意避开了克瑞乌莎，单独告诉克苏托斯伊翁便是他的孩子。得到神谕后的克苏托斯冲出神庙，立即拥抱伊翁，与他父子相认。然而伊翁的身世尤其他的生母对于克苏托斯而言显然立即成为一个难题。面对伊翁的追问（540），这个欢喜的新父亲根本无法自圆其说。他闪烁其词，对母亲的问题不置可否。后来，他忽然想起婚前的风流韵事，这才好歹应付了伊翁的质疑。他告诉伊翁，年轻时候，他曾在德尔菲的酒神仪式中与一个德尔菲女人私通，定是他与这个德尔菲女人私底下生了他。于是伊翁糊里糊涂地成了克苏托斯的私生子，也最终同意跟随克苏托斯返回雅典。阿波罗的计划似乎得以顺利地推行下去。

然而，令阿波罗始料不及的是，混乱与灾祸立即随之而来。当克苏托斯这个新父亲企图在未经妻子许可的情况下携新儿子入主城邦时，动乱发生了：克瑞乌莎不仅拒绝伊翁闯入她的婚姻，而且要不惜一切代价驱逐他。伊翁不仅没能跟随克苏托斯回到雅典，还遭到了克瑞乌莎的报复，差点丧了命。这显然超出了阿波罗的计划，并且整个事件完全失控，以至于伊翁险些喝下毒药而亡。此时，阿波罗不得不送去飞鸟做了伊翁的替死鬼，这标志着阿波罗整个拯救行动的失败。混乱与冲突直到雅典娜的出现才最终平息。

尽管我们可以相信阿波罗希望将伊翁送回雅典城邦完全是出于善意，然而他计划的失败却表明了这位奥林波斯男神对人类世界复杂性的某种无知。或许阿波罗没有料到的是，在他确立克苏托斯与伊翁的关系时，他完全忽略了母亲——女人——在整个两性生育过程中的重要性。他的所有计划中都没有女人的一席之地，似乎只要单方面确立父子关系，母子关系自然会随之奠定。克苏托斯这位伊翁的再生"父亲"有着与阿波罗这位亲生父亲同样的乐观主义。正如我们已经看到的，克苏托斯在见到伊翁的第一刻便一把搂住他，完全没有考虑他的母亲是谁。在母亲这个问题上不能自圆其说时，克苏托斯也显然希望赶紧跳过这一话题，于是他急不可耐地要伊翁住嘴（650），不要再去细想母亲的问题，有父亲就足够庆祝了。[8]

然而，母亲，或可以与男性抗衡的两性力量，远远超出阿波罗与克苏托斯的想象。对母亲身份的忽视导致了母亲的复仇：克瑞乌莎对伊翁——她丈夫的私生子——的追杀恰恰源于她对伊翁不清不楚的母系来源的抵制。事实上，伊翁对他进入雅典的困难有着十分清醒的认识。在克苏托斯邀请他进入雅典城邦时，他的第一反应是担心与质疑："我父亲是外来人，我又是个私生子……我作为一个外邦人来到别人的家里，女主人却没有孩子。"（592，608）伊翁作为单方面的克苏托斯的私生子进入克苏托斯与克瑞乌莎的两性家庭，形成的是一个充满冲突、极不稳定的三角关系。克苏托斯处于伊翁与克瑞乌莎之间，但克瑞乌莎却与伊翁彼此对立。从这一关系看来，克苏托斯的私生子与克瑞乌莎的私生子在本质上其实并无二致。我们还记得伊翁的困境来源于父母双方的身份（而非一方）。那么，无论是父亲还是母亲的私生子都无法解决伊翁最初面临的"单亲"困境。这或许正是阿波罗拯救无法成功的根源所在。

于是，被两个父亲和一个私生子共同逼入绝境的女人开始反击：她宣称她要"做女人该做的事情"（843）。此时，她将阿波罗与克苏托斯一同企图回避的两性问题推向了前台。对于观众而言，克瑞乌莎的毒杀行动实际是她对作为私

---

[8] 克苏托斯对女人的态度一贯是回避的，他悬置了伊翁提到的那些危险，企图以"隐瞒"来化解冲突（665—667），然而这一企图是失败的，最终的悲剧冲突还是暴露出来，并以最激烈的方式上演。

生子的伊翁的第二次杀戮——第一次是伊翁作为她的私生子刚出生的时候。这两次行动的起因如此相像，都是不合法的生育对稳定的两性关系的破坏。克瑞乌莎的婚姻受到污染，[9]这对捍卫纯粹种族的雅典而言是不被允许的。于是克瑞乌莎两次都选择清除污染者，无论这个孩子是她所生还是别的女人所生。克瑞乌莎对雅典纯一性价值的捍卫是一如既往的，她不可能允许一个来路不明的人继承将来雅典的王位，一如她不允许没有合法身份的骨肉留在雅典社会。

如今的情形变得更为棘手。与伊翁相关的三位父母似乎都无法赋予他正当、合法而稳定的社会身份。从雅典到德尔菲，再从德尔菲回到雅典，伊翁并没有走出他作为私生子的悲剧性循环。那么，究竟还有没有另一条道路可供选择？

另一条道路：母子的再会

戏剧的浪漫主义结局表明，最终是克瑞乌莎带领伊翁回到了雅典社会（1616）。主人公克瑞乌莎毕竟是幸运的，这个克苏托斯的私生子原来恰好就是她的私生子，这给予克瑞乌莎充分的理由接纳伊翁，悲剧冲突因此没有继续发展下

---

〔9〕 事实上，克瑞乌莎两次都同时充当了受害者与污染者的角色。第一次，克瑞乌莎被迫与阿波罗发生关系，她成为女性中的受害者，然而当她生下私生子的时候，她事实上成为雅典婚姻的污染者。而第二次，在克瑞乌莎合法的婚姻中，伊翁作为丈夫的私生子闯入，使得克瑞乌莎被动地牵扯入被污染的关系之中，但同时，反讽的是，这个孩子恰恰就是她自己的私生子，因而她作为私生子的生母事实上也成为她后来婚姻的污染者。

去。但伊翁毕竟是克瑞乌莎的私生子，既然在戏剧伊始伊翁就不能留养在雅典，那么为何这一次，作为克瑞乌莎的私生子，他最终得以进入雅典，还获得了正当的雅典身份呢？这一转变究竟是如何发生的？第二次的母子相会与第一次的母子关系究竟有何不同？

在此，我们不得不提到克瑞乌莎与伊翁的相认（1320—1500），正是这一戏剧行动直接导致了最终两人的重聚。克瑞乌莎毒杀伊翁的计划暴露之后，伊翁反过来向克瑞乌莎复仇。就在两人争执不下、冲突即将爆发之际，阿波罗的女祭司出现了，与她一同出场的还有那个古老的篮子，它正是当时克瑞乌莎抛弃伊翁时所用的竹篮（1351）。克瑞乌莎认出了篮子，最终确认了伊翁正是那个她多年前的弃子，于是克瑞乌莎向伊翁陈述了她被阿波罗强奸并生下他的往事，两人最终相认。在母子关系确定之后，伊翁受到了雅典社会的接纳，而雅典娜也预言他将成为雅典"地生人"家族的继承人，成年后统治一方领土。

这是一个意义重大的时刻：它建立了唯一一次成功而真实的亲子关系。所有原委都在克瑞乌莎与伊翁的坦白中得到了澄清，伊翁不仅知道了他的生母是克瑞乌莎，也明确知道了他的生父就是阿波罗，伊翁这才完全确认了他的身世，通过母亲成为雅典人。尽管危机与悲剧冲突近在咫尺，但最终正是母子的相认化解了危机，为整个事件带来了戏剧性的转折。

伊翁与克瑞乌莎的相认和他与两个父亲的关系有何本

质上的不同？我认为，根本的不同是，克瑞乌莎是唯一一个正面揭露了所有真相并直面所有问题的人。不同于阿波罗，克瑞乌莎不再回避自己的过去，而是坦诚交代了她被迫与阿波罗的结合以及她与伊翁的血亲关系。当然，这也就不同于克苏托斯对母子血亲问题模棱两可的悬置，而是明确地追溯并解释了双亲的来源。克瑞乌莎的行动解决了之前一直困扰伊翁的母亲的身份以及双亲的问题。克瑞乌莎主动接纳了伊翁，尽管此刻他仍是私生子，但他的身世至少得到了厘清，两性结合的双亲都被最终确认下来。此刻伊翁不再是没有父亲或母亲的孩子，而是一个拥有确切身份来源的人。这是伊翁得以重归社会的重要基础，他终于进入了一个稳定的、有所根基的双亲世界。在克瑞乌莎的确认下，伊翁不仅回到了人类社会，而且他的身份之根得到了安放。恰恰因为伊翁在此重新确立了他与克瑞乌莎的亲子关系，他才在之后得到了雅典娜的承认，并受到社会的接纳。

事实上，克瑞乌莎并非天然要坦白一切过往，重新接纳伊翁这个私生子。她也是在遭遇了两次私生子的冲击之后，才产生了重大的转变。如果我们还记得在克瑞乌莎生下伊翁时她是如何坚定地抛弃这个私生子想要隐瞒一切，那么我们不会吃惊阿波罗与克苏托斯的策略与当初克瑞乌莎的行动其实是多么相像。他们都在回避一段不堪回首的历史，都试图通过忽视女人以及母亲问题而悬置那段历史带来的潜在危险与不安——他们觉得这样行事"问题便好解决一些"（869）。然而，阿波罗的尝试失败了，克苏托斯的侥幸不得善终，克瑞乌莎也落得深受克苏托斯这个外邦人的私生子的威胁。克瑞乌莎最终发现，女人不可被忽略，这同时也就意味着与女人、母亲、两性相勾连的婚姻，乃至私通与私生子也同样根本不可回避——它们本就是两性社会的一部分。在两性生育关系中，女人甚至扮演着更为重要的角色：正如上文提到的，只有母亲才知道孩子的父亲是谁。当克瑞乌莎得知克苏托斯接回了他的私生子时，她明显地感觉到了"另一个女人"的存在（779）。因此，克瑞乌莎在她开始毒杀伊翁的行动前不再隐瞒她自己的过往，她向老仆坦白了她隐瞒已久的往事，因为她明白，所有的悬置、后退与看似完满的隐瞒最终都无济于事。克瑞乌莎在此刻比阿波罗与克苏托斯都要勇敢，她直面了两性关系中不可回避的阴暗面。

因此，克瑞乌莎所谓的"做女人该做的事情"（843）不仅意味着一次希腊神话中典型的女性复仇，更表明她从此不再回避女性及其背后所代表的整个两性问题——现在，她将其置于严肃的审视之下。她在试图接受女人、两性、私通与私生子存在的某种合理性，也在试图使以老仆为代表的雅典社会接受这个现实。尽管克瑞乌莎的坦白并没有使伊翁从"私生子"的身份中走出，但她带领伊翁走出了私生子不见天日的悲剧性命运——至少，他不再受到双亲的抛弃，也不再在父亲或母亲的回避中继续充当一个外来者的角色——他成了母亲和父亲"亲爱的孩子"（1409），他被母亲所接纳。当克瑞乌莎直面问题根源时，一直困扰伊翁的困局似乎终于有了获解的可能性。

然而不可否认的是，即便克瑞乌莎与伊翁相认，伊翁获得合法的雅典继承人的身份仍是困难重重。正如上文所提到的，克瑞乌莎与伊翁的母子关系并不直接消除伊翁的私生子身份。他仍是克瑞乌莎被阿波罗强奸后的产物，仍然在雅典这个双亲身份制的城邦中没有合法的出身。这是一个几乎无解的困境，伊翁的出生方式本身就注定了克瑞乌莎与阿波罗这对父母不可能赋予他完整的雅典身份。而无论克瑞乌莎本人是否是"地生人"家族的后代，她单独一人也都不可能同时成为她后代的双亲。

对此，悲剧提供了一个颇具戏剧性的解决方案：克苏托斯在雅典娜的建议下被重新带入观众的视野，成为伊翁回归雅典名义上的父亲。不过这里重要的是，克苏托斯对克瑞乌莎与伊翁的真实关系仍然并不知情（他同时也并不知道伊翁并非他亲生），这个秘密将会被这对亲生母子一同永远隐瞒下去。于是，在克瑞乌莎与克苏托斯组建的合法家庭中，这对夫妇因不同的原因将伊翁接受为自己的孩子。伊翁是母亲亲生的孩子以及父亲"亲生"的孩子，如此，他在一个巨大的谎言中成为父母双亲"亲生"的孩子。

至此，伊翁在雅典这个人类社会中终于拥有了合法的人间父母关系，从而获得了完整的社会身份。伊翁在雅典娜的指引下回到雅典社会，在母亲克瑞乌莎"地生人"家族中成长起来，并将最终成为"地生人"家族名正言顺的合法继承人。这是一个可称"美满"的解决方案，似乎所有矛盾都得到了消解，所有人都得到了希望的结局：阿波罗最终完成了他的计划，克瑞乌莎和克苏托斯拥有了后代，伊翁得到了社会身份并回到了雅典，"地生人"的雅典也最终拥有了继承人。这是伊翁的第三次新生，在最后这一次的新生中，他完成了身份的转换，现在他在雅典扎下了根，不再是私生子，成为社会接纳的一员。这一切都得益于克瑞乌莎的认子行动，以及最后克苏托斯的再度现身。那么，这个结局意味着什么呢？

"地生人"：再演还是颠覆？

一些解读认为，完满的结局再演了"地生人"神话，是整个"地生人"神话及其背后的意识形态在雅典舞台上的重新确认。[10]然而，笔者要指出的是，《伊翁》悲剧中的结局实际上非但没有再演"地生人"神话，反而是对雅典"地生人"神话的质疑，甚至颠覆了这个神话最根本的价值。[11]我们不能忘记的是，克瑞乌莎与伊翁的相认以及伊翁获得身份回到雅典的所有前提都在于克瑞乌莎不再掩盖她被阿波罗强奸的历史，承认并揭露了伊翁正是她的私生子这一事实。换言之，戏剧转折最关键之处恰恰在于"地生人"本身的捍卫者最大程度上冒犯了"地生人"价值。伊翁的

---

〔10〕Loraux（1993）184–185, 213–216, Sokolon（2013）33.

〔11〕Saxonhouse（1986）也持此观点，认为《伊翁》对"地生人"的根本价值观发出了挑战。Mueller（2010）366 也认同这一观点。

"地生人"身份的获取是以违背"地生人"的"纯一性"原则为代价的。

让我们再来看一看伊翁与克瑞乌莎的相认时刻，这也是标志着伊翁第三次再生的场景。篮子是伊翁与克瑞乌莎母子关系的唯一凭证，克瑞乌莎凭借追溯篮子的历史揭开了伊翁的身世之谜。对于前一种解读而言，盛放伊翁的篮子正是伊翁"地生人"生育的承载者，通过它，伊翁与"地生人"从根源上关联起来。伊翁之所以能够证明他是"地生人"祖先的后代，就是因为他被弃置于篮中而模仿再现了"地生人"。[12] 不仅伊翁篮子的装饰遵循了"地生人"的习俗[13]，而且故事中的种种因素都能令人回想起厄瑞克透斯与厄里克托尼俄斯的出生叙事。厄里克托尼俄斯死后被大地吞没，而这个孩子也同样被设计弃置于大地上死去；后来伊翁从鬼门关"返回"人间，就如同厄里克托尼俄斯从地而生；而伊翁在本要死去的大地上被阿波罗救起，就如同雅典娜张开双臂从地上迎接了厄里克托尼俄斯。这种解读通过以上种种元素向读者证明，这个篮子无论是在物质上还是在情节上都暗示一种 nomon soizousa（保持习俗）的模仿。只是这里的模仿多了一层反转，伊翁成为厄里克托尼俄斯的再生人物，他不

---

〔12〕"模仿地生人"：见《伊翁》1429：Ἐριχθονίου γε τοῦ πάλαι μιμήματα。

〔13〕尤其值得注意的是篮子用一条大蛇做装饰：它"是纯金的，雅典娜的赠物，她叫用这来保育小孩，是模仿以前厄里克托尼俄斯那时的东西"（1428）。

是单纯地从地而生，而是在死去之后，又再次复活。[14]如此种种对"地生人"元素的再现为后来克瑞乌莎与伊翁相认的场景提供了"地生人再造"的语境，伊翁再一次的再生与之前第一次的"死亡—再生"相呼应，而此时，伊翁是克瑞乌莎新的子嗣，他又成为"地生人"当代的继承者和复活者。[15]

的确，诚如以上分析所言，伊翁的故事中充斥着"地生人"起源神话的元素。然而，这一分析路径却忽略了以下一个重要的事实：尽管克瑞乌莎保持了祖先的习俗，将伊翁放置在篮中（20），但是与祖先所用篮子的功能不同的是，克瑞乌莎的篮子并不是为了迎接新的生命，反而是要置那个刚出生的生命于死地。[16]因此，克瑞乌莎对"地生人"的模仿并非存有"生"的希望，恰恰相反，这里充满了死亡的阴霾。先祖起源的因素被固定为城邦的习俗之后，失去了原有的神

---

〔14〕罗茹强调，模仿"地生人"就意味着"重复本来只会发生一次的事件"。因此她将整个伊翁的故事都看作是一种"地生人"原生性的、几乎没有改变的重复。她解释这一重复之所以可能发生，就是因为在悲剧这个特殊的文体中允许一种不可能的逻辑的呈现。这一观点受到了 Zeitlin 的质疑，我在某种程度上认同 Zeitlin 对罗茹的反驳。参见 Zeitlin（1996）294–295。

〔15〕Loraux（1993）232–234.

〔16〕在这一点上，我同意 Zeitlin 的分析。并且我认为，克瑞乌莎的"模仿"并不是罗茹所言的完整的再生式的模仿，而是有所缺失的，这一"缺失"恰恰是本章所关注的重心所在。另外，Zeitlin 指出，伊翁被放置在篮子中，被遗弃在山洞里，直到他被带到德尔菲，在城邦之外生活，而这个篮子在德尔菲被严密地保存起来，直到伊翁与克瑞乌莎相认时才再次被拿出。参见 Zeitlin（1996）295，尤其脚注 25。伊翁在德尔菲的生活因此是在整个城邦世界之外的，而他的身份——篮子——是被悬置的，而不是被德尔菲世界所接受的。

话意涵，成为一种范式与惯例，而这种范式与惯例如今并不必然重复原初的价值体系，反而有可能另行其道。同样，篮中的物件也经历了类似的转变。克瑞乌莎在她抛弃伊翁时提到的那条大蛇装饰原是雅典娜为了保育婴儿所设（1428），然而，在伊翁事件中，那条大蛇仅仅是某种对起源习俗的追思，它非但没有起到保护作用，还放任婴儿被丢弃甚至死于荒野。因此，尽管克瑞乌莎的篮子中承载着诸多厄里克托尼俄斯"地生人"起源的象征因素，然而她实质上在一开始就改变了这些象征因素的意涵，它们仅仅是一种唤醒记忆的载体，而不是起源故事的传承者。

最具讽刺意味的是，克瑞乌莎用"地生人"习俗的篮子弃置伊翁，恰恰是因为伊翁是她被迫与阿波罗神乱伦的产物。追求"纯一性"习俗的"地生人"之篮在此承载的却是污染、乱伦与私生子，此时悲剧的叙事因而更加凸显出"地生人"与乱伦以及污染的悖论关系。"地生人"的后代克瑞乌莎并没能避免污染，在现实的城邦社会中，她显然已经处于两性生育的秩序之下，这使她根本无法实践"地生人"的神话叙事——排除女人，男人单性生殖——也因此无法守护这一神话叙事中的"纯一性"原则。如果说克瑞乌莎将伊翁抛弃乃至于阿波罗将伊翁安置在神庙中都是对混乱秩序潜在危险的某种回避，那么此时这个篮子的出现以及克瑞乌莎对过往的揭露反而表明这种污染、乱伦与两性生殖是不可避免的。城邦如今无法像"模仿"神话习俗一样维持种族或生育的"纯一性"，女人、两性问题的存在决定了神话只能停留在神话时代。

现实与"地生人"神话的张力事实上在伊翁与克苏托斯的认亲过程中就已经得到暗示:"地生人"的单性生殖及其所暗含的"纯一性"原则在现实的两性世界中或许不仅不能被积极地应用,反而可能达到适得其反的效果。这集中体现在伊翁对他出身的焦虑之中。当克苏托斯告诉伊翁,他就是自己的孩子时,伊翁急切地想知道自己的母亲是谁。而面对伊翁的追问,克苏托斯含糊其词,并不能说出和他一起"生育"伊翁的女子。就在这个时候,伊翁问了两个问题:如果他不是克苏托斯和其妻子所生,那么第一,他总不会真是地生的?第二,克苏托斯是否私通过(539—550)?这两个问题中第一个颇为戏谑,而第二个十分严肃。两个问题并列出现,在上下文中成为两个相互替代的问题。伊翁这里的逻辑值得我们关注。面对母亲身份的缺失,伊翁可以想到的唯一的两种解释是要么根本没有母亲("地生人"神话),要么有母亲但不知是谁(私通)。在现实层面上,克苏托斯否认了地生的可能性,而强调了两性生育的必然(542)。[17]然而,在两性生育中由于不能提供母亲的身份,他只能将生育起源归结为秘密的私通(545—555)。

在伊翁并列的两个问题中,我们看到,"地生人"本质上可以与私生子十分相似。它们都是要弱化两性生育中"母亲"的角色——要么直接否认("地生人"),要么毫不在意

---

〔17〕关于神话世界中的生育与城邦现实中的生育,参见 Loraux(1993)199-202, Zeitlin(1996)285-287。

（私通）。而我们已经知道，"私通"除了强烈弱化母亲身份，也在现实上造成了没有母亲的混乱[18]，这种混乱一方面威胁着社会的秩序，另一方面也使得家庭不可能成为个体身份的一个基本载体。因而不难想象，以同样方式弱化女人生育的"地生人"在现实层面也可能潜在地隐含着秩序危机——它同样要求去除两性家庭的组合，而有可能造成整个社会的失衡甚至混乱。当母亲变得不再重要的时候，一个人的生育本源也面临着失序的危险。可以说，"地生人"与私通仅有一线之隔。[19]

阿波罗与克苏托斯期望将伊翁秘密带回雅典家中的方式，正是在以"私通"的形式模仿"地生人"中对女性的排除，他们都自以为父亲一系就足以维持一种身份的关系。然而我们看到，克苏托斯的"私通"遭到妻子克瑞乌莎的强烈抵制。克瑞乌莎"像女人一样"反抗克苏托斯的不洁，以守护家庭的秩序。而上文已经提到，转变后的克瑞乌莎不再是"地生人"的捍卫者，而成为两性关系中突出的"女人"。

讽刺的是，在这个两性世界中，不是男人，也不是"地生人"神话，而是女人担当了秩序的维护者。当克瑞乌莎的毒杀计谋上演时，悲剧呈现出了"地生人"神话秩序下对女

---

[18] 柏拉图对此有着最深刻的见解，他在《理想国》中，进一步将"地生人"本质上的"去家庭化"演绎为共产主义的蓝本，由此展开了对"地生人"以及"纯一性"的政治哲学反思。笔者将会在第四章重点论述这一部分。

[19] 城邦这个实体是否能承担秩序的维护者这一角色成为至关重要的问题。这从某种程度上可以解释，"地生人"的雅典城邦法为何对通奸这一罪行如此重视。

性存在的深刻焦虑。但同样，这一焦虑又恰恰凸显出女人在社会家庭构成中的重要位置。当女人已然进入城邦，似乎这个社会就不再可能回到"地生人"时代了。对于伊翁而言，在此背景下，即使他真是"地生人"，也不可能在城邦社会中获得身份，因为在既已构成的社会现实中，伊翁不可能再生于"一"——"地生人"只能出现在起源性时刻，其困难在于神话延续的可能性以及面临的代际传续。

这也正是克瑞乌莎一脉在悲剧中所面临的最重大的困境：神话与现实。由此看来，欧里庇得斯对《伊翁》故事的呈现并非单纯是对"地生人"神话的再度模仿，当时间从神话回到城邦社会之中时，"地生人"起源神话遭遇了现实的质疑。当"地生人"被放诸城邦、社会、文明等维度中进行考察时，它似乎已经显现出不可回避的结构性问题。

这一结构性问题重新指向了悲剧的另一主题：污染与净化。而这一主题不再只与大地相关，而是必须将"女人"纳入考虑的范畴，换言之，"地生人"神话必然被颠覆。在史诗或纯粹的神话维度，神的孩子并不是私生子。但恰恰是由于"社会"这一维度的进入，悲剧中神的孩子不再像阿基琉斯一样拥有光荣的背景，反而会被纳入社会秩序的质问之中——克瑞乌莎抛弃阿波罗的孩子，因为她"担心父亲知道"（340）。对神的私生子态度的转变，可以说是在城邦社会的特殊背景下所形成的。因此，尽管追求纯种的雅典人声称自己是"地生人"的后代，但后代的纯一性延续依赖的却是母亲与父亲双方都必须是雅典人这一苛刻的条件。伊翁私生子的身份使他一降生便带来了污染。作为弃婴，他在阿波罗神庙的洒扫清洁可以说是对他所带有的乱伦性质的某种净化。通过出离社会，伊翁的身份在表层上被洗净，在神圣领域中，他不断维护这一净化的结果，试图维持既有的秩序。但一旦回到社会之中，被扰乱的秩序就又浮现出来。可见，在神庙中暂居的伊翁并未成功地恢复秩序，而仅仅是将问题悬置起来了。悬置的秩序以及缺乏母亲身份所暗示的潜在的污染一直都存在。因此，无论阿波罗还是克苏托斯，都无法给予伊翁一个正常的社会身份，这两重父子关系在缺乏母亲的"私通"中已经受到了污染，因而都无法给予伊翁一个城邦中正常的家庭。由此可见，伊翁在阿波罗与克苏托斯层面的两次重生之所以不能成功，原因之一正是在城邦社会的背景下，其"污染"没有得到真正的净化，女人尚未出场，家庭仍未建立。这是为何在克瑞乌莎认子之后，所有的焦点又再次聚集到伊翁的双亲之上，"地生人"所规避的问题又出现了。

回到结局，我们看到，事实上，此剧的结局远没有我们想象的那么完美。尽管似乎所有人都得到了他们所希望的结果，"地生人"的雅典城邦依然辉煌，但这一结局却付出了极大的代价：它只可能存在于一个巨大的谎言之中，要求诸多隐瞒与妥协——克苏托斯并不知道克瑞乌莎与阿波罗的历史，他更不知道伊翁就是克瑞乌莎亲生的；克瑞乌莎永远不能承认伊翁与她的真实关系，她的那段过往仍需要被隐藏；伊翁虽然找回了生母，被雅典社会所接纳，但他最终永远不得与生父团聚。因此，正如罗茹所论，虽然阿波罗、克苏托斯与克瑞乌莎三人之间相互分裂的关系在最终时刻看似以伊翁为中心得到了最大程度的弥合，但这一弥合仍充满着黑暗的色彩。[20]观众直到戏剧终结的一刻，或许仍会对这一结局感到焦虑：毕竟，阿波罗与克瑞乌莎的孩子终究不是"地生"的，他们的生育在城邦社会中仍然潜藏着僭越。当悲剧以神话的方式模糊甚至悬置了生育这一问题时，女人、男人、私通与两性生育等话题并未终结，不过是被某种喜悦的冲动暂时掩盖了。只是这一次与之前无论是克瑞乌莎、阿波罗还是克苏托斯的回避悬置不同的是，父母双亲同时得到关注，女人不再隐于幕后，而是走向台前。不能忘记的是，这一切来之不易的安定都有赖于女人——克瑞乌莎——对秘密的保守，有赖于女人对纯一性或明或暗的维护。

"地生人"，再演还是颠覆？或许这个问题在此可以提得更激进一些：伊翁的世界，还存在"地生人"吗？"地生人"在两性的世界是否还有一席之地？欧里庇得斯在剧终再次提到了"地生人"作为一个古老传统的回归，不过此时这个古老传统的承载者伊翁有着复杂的身份，更有着不可告人的出身。

《酒神的伴侣》：私生子的突围

在《伊翁》中，拯救"地生人"家族的纯洁性是全剧

---

〔20〕Loraux（1993）220–224。同时可参见 Zacharia（2003），Sokolon（2013）48。

的中心线索，神祇在整部戏剧的演进中发挥了不可忽视的作用。在这部情节丰富的剧作中，除了阿波罗、雅典娜、赫耳墨斯三位神祇之外，还有一位神值得我们注意，他就是酒神狄奥尼索斯。尽管狄奥尼索斯是以暗线的方式贯穿全剧，但他在最关键的时刻揭示出了整部戏剧的核心关注：两性、情爱与生育。我们记得，在克苏托斯与伊翁相认的关键情节中，克苏托斯说他曾与一个德尔菲女人私通过，他们私通的场合正是在酒神狄奥尼索斯的祭祀仪式中。克苏托斯试图以此来蒙混一段连他自己都不甚清楚的过去，为他的"私生子"追溯可能的身世。通过克苏托斯的叙述以及他与伊翁关于"地生人"和私生子的对话，我们不仅看到两性社会秩序受到破坏的图景，甚至还看到了"地生人"的神话意义在两性世界中的反转。

克苏托斯以狄奥尼索斯秘仪为他拥有私生子寻找借口，这是十分精彩的安排。由于酒神狄奥尼索斯的特点就是疯狂、迷乱与忘我，他的宗教崇拜往往伴随着不可自控的激情以及由此而推动的性爱，因而秘仪现场时常成为男女婚外私通的场所。在酒神的迷醉中，克苏托斯不能自已，于是与德尔菲同样参加酒神祭祀的女人发生了关系。如果说《伊翁》已经呈现私通——女人、两性的不可控——在某种程度上破坏了"地生人"神话以及城邦文明秩序，那么令人失控乃至疯狂的酒神狄奥尼索斯在此失序的过程中则毫无疑问扮演着至关重要的角色。

欧里庇得斯的另一部戏剧《酒神的伴侣》就清晰地反映

了这一点，它的叙事可以说与《伊翁》中酒神的出场以及"地生人"的希腊文明秩序有着密切关联。我们将会看到，《酒神的伴侣》的中心主题之一便是对酒神崇拜这一引进的宗教与希腊社会特征做出深刻反思。在欧里庇得斯关于历史上的酒神崇拜进入希腊的叙事中，他对希腊文明特征的强调——特别是六次直接提到"地生人"（autochthony）[21]——将我们的视野引向了本节的讨论。笔者想指出的是，与《伊翁》的写作相似，欧里庇得斯在处理《酒神的伴侣》时，同样对希腊文明，特别是"地生人"意识形态下的雅典城邦文明做出了深刻检讨。可以说，《伊翁》与《酒神的伴侣》两部剧在多处都透露着相互参照的意图，尤其在关于两性、私通、生殖等问题上有着诸多对应。因此，本节将从《酒神的伴侣》的文本出发，展现欧里庇得斯笔下的酒神如何进入希腊文明，讨论文本中不断提及的希腊"地生人"起源与酒神宗教崇拜、希腊政治文明的关系，并以民主时期雅典悲剧的历史为背景，探讨欧里庇得斯对"地生人"的雅典文明一以贯之的双重立场以及对"地生人"神话的深刻追问。

---

〔21〕第 264 行（γηγενῆ，"地生的"）、第 538 行（χθόνιον γένος，"从地下生出"）、第 540 行（ἐφύτευσε χθόνιος，"从地下诞生"）、第 1016 行（τόκον γηγενῆ，"地生的孩子"）、第 1025—1026 行（ὃς τὸ γηγενὲς …ἐν γαία，"从大地里生出"）、第 1314—1315 行（τὸ Θηβαίων γένος ἔσπειρα κἀξήμησα κάλλιστον θέρος…，"曾播种过忒拜人，得到过美好收成的［伟大的卡德摩斯］"）。

《酒神的伴侣》的故事

故事发生在希腊的另一个"地生人"城邦忒拜。酒神狄奥尼索斯是忒拜国王卡德摩斯（Cadmus）之女塞墨勒（Semele）与宙斯的儿子，但塞墨勒的姐妹却不承认她与神祇交好，反而宣称狄奥尼索斯是塞墨勒与某个凡人男子私通的产物，因此她们在狄奥尼索斯一出生就将他逐出了忒拜。卡德摩斯年老后，便将王位传给他另一个女儿阿高埃（Agave）的儿子彭透斯（Pentheus）。由于彭透斯继承了他母亲的说辞，他同样反对敬狄奥尼索斯为神。故事从这里展开。酒神长大后来到希腊，意图显示他的神性，重返希腊土地，并确立他作为神的身份。

狄奥尼索斯一到忒拜就使城邦中很多邦民受到了他这位酒神的感染。老国王卡德摩斯和先知特瑞西阿斯（Teresias）便是其中的一员，他们在酒神的影响下心情愉悦、手舞足蹈，似乎从老年回到了年轻时代。他们在酒神仪式中挥舞着神杖，甚至力劝国王彭透斯也加入他们的崇拜队伍。不过面对这两位"为老不尊"的长辈，彭透斯严词拒绝了他们的请求，并且勒令他们赶紧停止当前的活动，恢复理智，回到日常规范的文明生活中来。先知特瑞西阿斯却强调他们是凡人，不能藐视天神，这位天神力量古老而且伟大，他的崇拜终将传遍全希腊，因此不能与他对抗。

彭透斯不听劝告，执意要将狄奥尼索斯阻挡于忒拜城门之外，因为彭透斯认为这位酒神不仅送来了狂乱，还使得女人们都跑出城邦，到山郊野岭与男人私通苟合，这大大扰乱了城邦的正常秩序。于是，彭透斯尽全力抵抗狄奥尼索斯的到来：把他绑起来，关进宫殿的牢房，好让他不再祸害城邦。不过彭透斯根本关不住狄奥尼索斯，酒神不仅逃了出来，还让彭透斯沉溺于幻象中而好好戏弄了一番，让他以为他杀死了狄奥尼索斯，战胜了酒神。不过当彭透斯清醒过来时，他却发现狄奥尼索斯早已不费吹灰之力挣脱了他的捆绑。

就在此时，报信人到来，他向国王彭透斯汇报了他们去山中偷看酒神信徒——那些狂女——的情况。她们同样是受到酒神感染的一群人，而彭透斯的母亲阿高埃也在此列。报信人说，事实上这些狂女并不像彭透斯自己想象的那样迷醉失控，而是过着甜美静谧的自然生活。不过当他们想向她们靠近把她们捉回城邦时，这些女人却立即奋起反抗，追击他们。她们力大无比，徒手撕碎大牛，就这样，她们把他们一路逼回了城邦。报信人经历了这一切，看到了酒神力量的显现，于是再次劝告国王彭透斯最好敬狄奥尼索斯为神。不过此时的彭透斯已然出离愤怒，他甚至感到耻辱，因为狂女的暴行已经像火一样烧到了他的身边，于是腹背受敌的彭透斯决定全面反击，要出动城邦所有士兵与酒神决战。

狄奥尼索斯最后一次劝告彭透斯收手，然而彭透斯仍一意孤行，要置酒神于死地。这一次，狄奥尼索斯不再退让，他主动出手，转移了彭透斯的注意力，并诱导这位愤怒而充满欲望的国王进入了他的圈套。在彭透斯失去理性、神志不清时，狄奥尼索斯将他扮成酒神崇拜的女信徒，并带他进入那些狂女们所在的基泰戎山。彭透斯在狄奥尼索斯的帮助下登上高枝正要对这些女人一看究竟时，狂女们发现了他，她们像对待之前报信人一样追捕他，并像之前手撕大牛一样把彭透斯撕得粉碎，而这一切正是由彭透斯的母亲——那个拒绝承认狄奥尼索斯为神的阿高埃——亲手完成的。狄奥尼索斯就这样惩罚了一直将他拒之门外的彭透斯与他的生母，这位国王以最血淋淋、最不人道的方式付出了生命的代价。

神志不清的阿高埃带着她的猎物——彭透斯的头——回到城邦，这才逐渐清醒过来。阿高埃发现她已在疯狂中杀死了自己的儿子，儿子惨死，尸散遍野。巨大的悲伤侵袭而来，充斥整个忒拜城邦。此时老国王卡德摩斯出场，以他为代表的忒拜人民终于承认了酒神显示的神力，最终忒拜城接受了酒神的到来。

《酒神的伴侣》与《伊翁》：私生子的回归

与《伊翁》相同，《酒神的伴侣》讲述的也是一个关于流放在外的私生子回归原生城邦的故事。这使得后者像极了前者的姊妹篇。[22] 如同伊翁一样，狄奥尼索斯也是人类社会伦

---

〔22〕目前学界少有比较《伊翁》与《酒神的伴侣》这两个文本的研究。然而，我们将看到，欧里庇得斯的这两部戏剧无论在主题、情节还是思想方面都有着强烈的呼应，两者互为补充、对比，为我们提供了十分丰富的研究内容。本节讨论希望能填补学界这一方面的解读，并认为在写作《酒神的伴侣》时，欧里庇得斯在一定程度上参考了他对《伊翁》故事的处理手法，而且有意识地对《伊翁》中所涉及的重要问题做出了更加直接与强烈的回应。

理之外的产物。他由宙斯与凡女塞墨勒所生，在出生之后他也没有得到人类社会的承认，也因为缺乏一个人类父亲而被人们认作私生子逐出了城邦。狄奥尼索斯因此在外流浪多年，一直无法在希腊获得他应有的身份——他一直被拒绝进入希腊城邦，就像伊翁只能一直生活在雅典城邦之外的德尔菲。

两部剧对回归的关切同样相似。它们都关乎身份的建立以及社会的承认。伊翁的回归需要获得"地生人"后代这一正当的社会身份，而狄奥尼索斯如果要进入希腊城邦，也需要人们承认他的身世。当最终私生子们得以回归，他们从放逐的野外进入了城邦，城邦不再拒绝乱伦的产物而终于接受了他们：一系列转变得以发生。正如我们已经看到的，这些转变塑造了《伊翁》的基本情节，在本节中，我们将继续看到，它们同样构成了《酒神的伴侣》这部戏剧的基础。两部戏剧由此交织在一起，私生子回归城邦成为两者共同的关注。

不过这里要特别指出的是，狄奥尼索斯的私生子版本无论从哪一个角度讲，都要比伊翁这个版本呈现得更为激烈。尽管两者都是凡人与神所生之子，但伊翁只是一个凡人[23]，而狄奥尼索斯却是一个不折不扣的神。由此，狄奥尼索斯的力量不仅远远强过伊翁，而且他回归城邦的方式也因此极为不同。如果我们用"拯救私生子"来形容伊翁的回归，那么关于狄奥尼索斯的故事，"私生子的突围"或许能更为

---

[23] 尽管在神话背景下，伊翁是与"地生人"始祖厄瑞克透斯类似的英雄，但他作为人类城邦的国王和建城者，本质上是凡人而非神祇。这与狄奥尼索斯十分不同。

贴切地描述它，因为相较于通过阿波罗神的计划而被动回到雅典的伊翁，狄奥尼索斯要主动许多——他就是计划本身。由于后者拥有的超人神力，狄奥尼索斯进入城邦的行动十分强势：这位宙斯之子两次说到，他要主动向人们显示他的神力，好让原来城邦中的人承认他是神（22，48）。他的确这样做了。狄奥尼索斯以他本来的面目破城门而入，在这个过程中，他没有任何妥协，反而在最终的胜利中获取了希腊城邦对他的承认与崇敬。

两位戏剧主角在能力以及身份上的巨大差别造成《伊翁》与《酒神的伴侣》两部剧在对"地生人"及其背后的两性、生育、秩序等问题的处理上大相径庭。我们看到，在《伊翁》中，"地生人"与两性社会之间的张力几乎是被层层包裹的。尽管悲剧冲突十分强烈，但是"地生人"家庭似乎无论如何还是得到了一个善终的结果。这个结果充满了"地生人"与两性社会之间的妥协：伊翁以一种谎言的方式获得了父母双方的身份支持，"私生子"问题引而不发，在整个戏剧结尾以销声匿迹的方式始终保持着沉默，由此"地生人"的纯一性以及整个雅典的社会秩序在表面上获得了拯救。而《酒神的伴侣》却十分不同。酒神作为神与人的产物——亦即人类两性社会伦理之外结合的产物——是被始终强调的。即便狄奥尼索斯证明他不是女人与男人的私生子，他也从未否认过他是女人与神的私生子。就社会与政治伦理而言，这两者事实上并无二致，因为他们都是社会失序的产物，也都标志着对严格管控的两性关系的破坏。狄奥尼索斯以如此鲜明的身份毫无掩饰地进入"地生人"的世界,这无疑是在向这个坚持"纯一性"秩序的社会直接宣战:他要证明酒神的力量不可抵挡,亦即两性社会中乱伦、激情与失控的力量不可抵挡。这一冲突如此强烈,以至于最终以血淋淋的死亡告终。

因此,相较于《伊翁》伪善的结局,《酒神的伴侣》对问题的祖露要直白许多。那个在前者中被谎言包裹起来的黑暗在后者的戏剧冲突下完全暴露出来。结果便是,《酒神的伴侣》成为一部更为黑暗的悲剧。它在激昂的戏剧行动中对以"地生人"为核心的社会问题做出了更为激烈的追问。[24] 欧里庇得斯试图告诉我们:"地生人"对社会"纯一性"秩序的美好夙愿在现实生活中是不可能实现的,它要么是一个遥不可及的乌托邦,要么是一场巨大的灾难。

守护秩序:希腊抵抗酒神

希腊"地生人"社会对酒神的抵抗及对秩序的守护在戏

---

〔24〕除了"人神之别"导致《伊翁》与《酒神的伴侣》在处理"地生人"问题上风格迥异之外,戏剧故事发生的不同背景——雅典与忒拜——也是一大原因。由于在雅典舞台上,忒拜是外邦,因此,虽同为"地生人"的城邦,忒拜的悲剧性结局当更为雅典观众所接受,而对雅典自身的结局,雅典观众们自然更喜闻乐见的是一个完满的、喜剧性的结局。但就戏剧意义而言,以忒拜"地生人"为背景的剧目(包括索福克勒斯的"忒拜三连剧")对雅典城邦而言有着尤其重要的意义。忒拜作为雅典神话层面上的对照,其经历与传奇恰能以"他者"的方式为雅典提供镜面式的反观。由此,在更无顾忌的呈演中,忒拜剧往往能将雅典剧中引而不发的问题暴露出来,在给观众带来更激烈的冲击的同时,也促进观众更深刻地自我反观。关于忒拜剧之于雅典舞台的意义,参见 Zeitlin(1986)。

剧一开始便凸显出来。忒拜城邦与狄奥尼索斯结怨已久，最初的导火索就是狄奥尼索斯令人诟病的出身。在开场白中，狄奥尼索斯交代了整个冲突的背景（1—32）：他本是塞墨勒与宙斯爱情的结晶，但忒拜城邦，这个"地生人的种族"（538），却认为宙斯之事根本就是塞墨勒的胡编乱造——他只是塞墨勒与某个野男人所生，所以塞墨勒生产时才会遭宙斯闪电惩罚而毙命。由于这个原因，忒拜的卡德摩斯家族，就像雅典的克瑞乌莎一样，拒绝承认或接纳这个"私生子"。[25] 被驱逐多年的狄奥尼索斯在希腊外的世界长大，他此次回到希腊，就是要向他们证明他被拒绝的真实身份，迫使他们接受他，并且为他的母亲塞墨勒正名。

尽管狄奥尼索斯在此的叙述颇为简略，但这个开场白足以为那些熟悉酒神的观众们勾勒出宙斯与塞墨勒生子故事的全貌。戏剧明确地指出，塞墨勒之所以在生产时遭遇闪电，完全是宙斯之妻赫拉的阴谋（8—9：塞墨勒坟冢的青烟正是赫拉报复塞墨勒的标志）。这一细节性描述为我们指出了整个事件冲突的根本所在。在希腊神话中，赫拉是一个十分著名的妒妇，也是宙斯唯一正统的妻子。她对宙斯与她之外的情爱都充满了敌意，希望宙斯只与她一人保持关系。然

---

[25] 关于"地生人"的卡德摩斯拒绝承认"私生子"狄奥尼索斯，Goldhill（1988）149 有十分独到的见解："卡德摩斯是忒拜建城神话'地生人'——不由女人生出——故事中的主角人物，而他作为塞墨勒（与阿高埃）的父亲对他女儿们的两性行为没有给予一点关注。"关于"地生人"与卡德摩斯在本剧中的角色，参见 Vian（1963）。

而宙斯却总不遂赫拉之愿。他情欲甚大，极不钟情，时常留欢他处。他与塞墨勒的偷情便是其情爱的事例之一。在得知宙斯与塞墨勒偷情之后，赫拉既嫉妒又愤怒，便变成了塞墨勒的亲戚，怂恿她要求宙斯现出真身以表示他对她的爱意。塞墨勒听从了赫拉的建议，对宙斯提出了请求。宙斯最终答应了塞墨勒，现出了闪电之身。然而就在宙斯显现之时，凡人塞墨勒遭遇了这个闪电，被雷火烧死。宙斯从火中救起还未足月的狄奥尼索斯，将他藏在大腿里，避开赫拉的追捕，直到足月才将他取出（88—104），这才有了酒神的诞生。

在这个完整的故事中，我们清楚地看到，狄奥尼索斯的的确确是"私生子"。[26] 只不过不同于忒拜城邦的说辞，他不是塞墨勒与一个凡人所生，而是与一个天神所生。除此之外，狄奥尼索斯在诸神世界作为私生子的遭遇与他在人间的遭遇倒是颇有相似之处。出于对她与宙斯婚姻关系的维护，赫拉这位天神的妻子报复了这段婚外情。同时，就像忒拜城邦一样，她也不承认狄奥尼索斯而企图将他赶出奥林波斯"神界"。如此种种才致使狄奥尼索斯作为"酒神"一直得不到普遍的承认，反倒需要他自我证明其神圣性。由此，忒拜与赫拉对私生子狄奥尼索斯形成了双重拒斥，尽管忒拜城邦误解了狄奥尼索斯的出身，但由于宙斯与塞墨勒的结合本就不合法，这个人类城邦对"私生子"狄奥尼索斯的态度

---

〔26〕关于狄奥尼索斯作为"私生子"的讨论，参见 Schechner（1968）416，Castellani（1976）。

倒是十分自然地与赫拉的态度相呼应。在这一双重拒斥中，我们看到，无论如何，戏剧的冲突都集中在了狄奥尼索斯"私生子"的身份上。

不过，另一方面，忒拜城邦与诸神世界在处理狄奥尼索斯的问题上却又十分不同。请读者们不要忘记一个明显的区别：面对这个"私生子"，整个忒拜城邦——包括他的祖父、兄弟——都一致否认他的存在，誓要将其永久放逐；而在诸神的世界中，生父宙斯却救起了他的私生子，保护他成长，并赋予了他酒神的神力（286—297）。如果说前者是对私生子以及不合法的两性关系的彻底否定，那么后者却在这一问题上显得颇为暧昧：宙斯的保护本身就给了狄奥尼索斯存在的正当性，这一举动甚至暗示这位诸神之王对狄奥尼索斯及其出身的支持。正是宙斯的态度为狄奥尼索斯返回希腊、自我证明提供了勇气。[27]

甚至，在某种程度上，宙斯对狄奥尼索斯的保护也意味着他对两性世界中非理性的激情、乱伦以及失控的性爱的承认。狄奥尼索斯生于私通——宙斯并不否认（468）。而他如今确确实实地存在了——这正是宙斯的功劳。于是，他的出生以及如今的存在都无时无刻不在提醒着世界中的人们：所有这一切的僭越、激情、爱与冲动都实实在在地存在着，

---

〔27〕注意，这一点与《伊翁》的处理非常不同。尽管在《伊翁》中阿波罗也拯救了他的亲生儿子，但是他从来没有承认过他与这个儿子的血缘关系。伊翁在德尔菲不是以"阿波罗之子"的身份存在，而是阿波罗神的仆人。这意味着阿波罗并没有主动赋予伊翁的存在以正当性。

无论人们是承认它、欢迎它，还是抵制它、驱逐它。如今是这个"存在"本身要回归他被否认的地方，回归那个不承认私生子、不容忍失控、不允许污染的他的出生之地。

这正是守护"纯一性"的希腊社会与酒神最根本的冲突。我们甚至可以设想，即便忒拜清楚狄奥尼索斯就是由塞墨勒与宙斯所生，他们或许同样很难接受这个人神结合的私生子。因为，从本质上来说，忒拜，或希腊，所拒绝的并非仅仅是社会中男人（凡人）与女人不合法的产物，而是"私通"这个不受控的两性活动本身——无论它是发生在人与人之间还是人与神之间。甚至，或许，狄奥尼索斯作为人神之子还会加剧整个希腊城邦对他的抵制，因为如果这样的神的确存在，并且他的存在还赋予了私通的、不受控的、僭越秩序的两性关系以正当性，那么城邦在两性社会的背景下将不可能再正当地管控两性及生育，这意味着整个城邦所珍视的种族"纯一性"将荡然无存。

我们看到，当狄奥尼索斯真正试图进入希腊时，忒拜城邦对他的抵抗其实已经不只因为他们不承认这个塞墨勒的私生子，而是由于他作为"私生子"以及无秩序的两性关系的代言人与保护者——酒神——将会对城邦原本构筑起来的社会秩序造成极大的破坏。戏剧清晰地显示，国王彭透斯事实上已经选择相信狄奥尼索斯并非凡人，就是酒神[28]，但他

---

〔28〕《酒神的伴侣》242—247：在彭透斯的叙述中，他没有提及狄奥尼索斯是塞墨勒与一个凡人男子所生的私生子，反而一改之前城邦的说辞而重提了狄奥尼索斯生于宙斯的大腿，但他的母亲因为偷情遭到赫拉惩罚而被活活烧死的过往。

仍然拒斥这位神，这恰恰是因为狄奥尼索斯作为"私生子"的代言神为城邦带来了混乱（215—226）。

彭透斯强调赫拉惩罚宙斯和塞墨勒私通的这段往事，说："那个据说是神的狄奥尼索斯，据说是缝在宙斯大腿根的狄奥尼索斯，他和她母亲被雷霆之火点燃，就是因为他母亲欺骗了婚姻（γάμους ἐψεύσατο）。这样的一个狄奥尼索斯——不管这个外来者是谁（ὅστις ἔστιν ὁ ξένος）——他用这些大胆的行径来冒犯我（ὕβρεις ὑβρίζειν），难道不应该被吊死吗？"（242—247）"母亲欺骗了婚姻"，这个婚姻既是赫拉与宙斯的神界婚姻，也指塞墨勒作为人类女人本应遵守的社会伦理的两性婚姻。她与宙斯的结合同时冒犯了人类与诸神世界的婚姻法则，正是这种僭越对于彭透斯是不可容忍的。就彭透斯的立场而言，其实无论狄奥尼索斯是人还是神，但凡他生于不合法的、僭越伦理的（ὑβρίζειν）结合，他就理应被祀拜拒之门外——更何况，他还是一个神，一个会给城邦带来更大破坏并给予这种破坏正当性的超人之神。他已经意识到，恰恰是这位酒神"把疯病带给我邦妇女，玷污我们的床榻"（350）。

因此，即便狄奥尼索斯就是不可抵挡的神，作为"地生人"城邦秩序守护者的国王彭透斯也必须坚持拒绝酒神的到来，唯有如此他才有可能守住城邦"纯一性"与两性秩序的最后防线。狄奥尼索斯这样描述彭透斯对他的敌意：ὃς θεομαχεῖ τὰ κατ᾽ ἐμὲ καὶ σπονδῶν ἄπο ὠθεῖ μ᾽...（45—46：他与神作战对抗我，还把我从他的祭酒中驱逐……）θεο-μαχεῖ 是一个语意十分强烈的复合词，意思是"与神作战"；而 ωθεῖ 同时带有强烈的暴力性质，意思是"向外推开，打回去""驱逐"。这两个词的叠用，十分有力地加强了彭透斯对狄奥尼索斯的反抗意味。这是有意识的拒绝，是彭透斯对酒神自觉的抵抗。

戏剧显示，为了抵抗酒神的入侵，彭透斯可谓不遗余力、无所不用其极。他抓捕那些酒神的追随者，用铁索捆绑她们（226—238）；呵斥卡德摩斯与特瑞西阿斯对酒神的崇拜（343—357）；紧闭城门，甚至还抓住了狄奥尼索斯本人并用镣铐将他锁在监牢中（443—444）。这一系列强硬的手段透露出彭透斯抵制酒神的决心，也同时显示了以彭透斯为首的忒拜城邦与酒神的决裂。彭透斯在竭力维护他的城邦秩序，使这个城邦远离酒神力量的侵染、远离失控、远离对女人的解放、远离混乱的床榻、远离疯狂。忒拜城邦与酒神的对立尖锐而强烈，两股力量的对峙也随戏剧的发展而愈演愈烈。然而我们知道，彭透斯终究是落败了，宙斯之子酒神狄奥尼索斯进入了希腊，而忒拜这位英勇的抵抗者为他的失败付出了生命的代价。那么，这一切的转变是如何发生的呢？酒神为何得以如此进入希腊，而彭透斯为何根本无力阻挡这个私生子的回归呢？

彭透斯与酒神

或许彭透斯自己对这个问题也疑惑不已，因为他已经采取了所有力所能及的措施来抵抗酒神，但仍对他的入侵无可奈何。正如我们在上文所见，彭透斯的手段可以说是已经相当激烈，他动用了城邦几乎所有的暴力手段来压制酒神及其带来的混乱，然而这一切还是没能阻止酒神的信众出走山林、男女私通、城邦秩序崩溃、狂欢盛行。更有甚者，当彭透斯企图将酒神本人囚禁在宫殿以阻隔他对外界的影响时（443—444），狄奥尼索斯非但没有被彭透斯成功地困于牢中，反而巧妙地"逃脱"出来，并对彭透斯进行了一轮反攻，这清晰地显示出彭透斯对酒神抵抗的失败。

让我们来看看这个著名的宫殿场景（576—657）：瞬时间彭透斯感到他的宫殿地动山摇，火焰四起，酒神的信众们高唱"宙斯之子将要把这座宫殿推倒"，狄奥尼索斯则在信众前现身，安然自在地与她们交谈。酒神讲述了他如何捉弄彭透斯，嘲笑那个自以为绑住了酒神、实际上根本没有靠近他的国王：彭透斯错把一头发怒的公牛当作酒神而与其搏斗，殊不知狄奥尼索斯就静坐在一旁看着这一切。这位国王把塞墨勒坟头的青烟看成了火焰，以为宫殿着了火，便急忙命人打水救火。在一片混乱之际，囚禁酒神的索链打开了，狄奥尼索斯逃走。彭透斯见状提起一把剑冲向他，然而刺向的却是酒神的幻影。他与那个幻影搏斗多时，直至精疲力竭。彭透斯就这样放走了狄奥尼索斯，而他自己直到酒神已经安然逃脱才反应过来酒神早已不在他的控制之下。当彭透斯再次出现在舞台时，他说："我经历了可怕的事！那个被我锁起来的外来者已经逃走了！"（642—644）不过即便如此，彭透斯仍然糊里糊涂，因为他完全不知道刚才发生了什么。彭

透斯问狄奥尼索斯："你究竟怎么从我这儿逃走的？"（646）

或许出乎观众意料的是，彭透斯与狄奥尼索斯的正面对抗在此其实并没有显得十分血腥与激烈，反倒是颇为滑稽。在这场冲突中，不仅两位主角都未伤分毫，而且连那个被"摧毁"的宫殿都完好无损。受到酒神"疯狂"力量的侵染，彭透斯自己先发了疯，以假为真。这位国王就像经历了一场梦，然而当他醒来却发现一切如旧，只是酒神已经逃脱。[29]对比那个疯狂的彭透斯，酒神在此倒是非常冷静，他强调他的冷眼旁观与从容不迫（622）。这个鲜明的反差似乎在不断讥讽严肃的彭透斯，他自以为牢不可破的防守在酒神作用下如此轻而易举地就被打破了，似乎都等不及他所预想的暴力性冲突发生。彭透斯尽全力想要抵抗的狄奥尼索斯竟如此四两拨千斤似的就在反攻中使他败下阵来，而他对这一切都还完全来不及防范——对于酒神而言，彭透斯的防卫在此变得如此幼稚可笑，他希望与酒神对抗，而所有一切都显示这种愿望压根儿不可能实现。

更富有戏剧性的是，在此次对抗中，酒神实际上根本没有与彭透斯面对面搏斗。这位国王所有的失败反倒都来源

---

[29] 关于宫殿神迹这个场景，西方学界多有讨论，其中最棘手的便是，这个场景表现的是否是某种幻觉或呈现的是某种象征性的演绎而非实际发生的场景。Dodds（1960）已经在他的注疏中提出了这些争论的许多线索，并认为这是某种幻觉的叙述而非真实演绎，之后 Goldhill（1986）280–286 与 Wiles（1987）146 在不同程度上追随 Dodds 的讨论，而 Fisher（1992）对前者做出回应，认为对于观众而言，这是一个现实中的场景而非幻象。

于他自我的疯狂。尽管，不可否认，这一疯狂的确根源于酒神发挥的神力（629），然而值得注意的是这个神力所作用的并非外在之物，而是彭透斯自身。如此看来，酒神最厉害之处并非外在的武力，而是一种内化的力量。他本人不用重装上阵便可使人自我对抗自我。彭透斯此时的疯狂必定是这位国王之前所不能想象的，因为他一直在坚守着一种绝对的理性，对任何的放纵都嗤之以鼻。我们还记得，在戏剧一开场，特瑞西阿斯与卡德摩斯在酒神的作用下手舞足蹈，而那个时候，严肃的彭透斯认为他们在做"伤风败俗"的"怪事"（232，248），并对这种松弛的状态极为反感："不要伸过手来，跳你的酒神舞去，你去你的，不要把你的愚蠢传染给我。"（343—344）而如今，彭透斯在酒神的作用下也变得疯狂——甚至更甚——他变成了与那些他所抵触所痛恨的酒神的追随者一样的人。

我们要问：酒神究竟有何魔力可以如此轻易地就让一个守卫理性的彭透斯变得如此疯癫？这似乎是一个颇为棘手的问题，因为在宫殿场景这场戏中，戏剧只提示我们，酒神将疯狂作用于彭透斯，于是彭透斯便自己发了疯（614—618）。这看上去是一个非常自然的过程，似乎无须赘述，酒神的信徒们就能理解彭透斯的疯狂。的确，酒神信徒们也很自然地经历了与彭透斯一样的迷狂：她们也如做梦似的看见宫殿地动山摇烟火四起（576—603），而她们对此迷狂的状态并不感到惊讶。我们看到的是，从清醒到疯狂，从现实到梦境，无论是彭透斯还是那些酒神的信徒，他们都自然而然地发生着转变，而这些转变并无事先的预告，只是忽然就发生了。

不过，或许恰恰是这种清醒与疯狂、现实与梦境、理性与非理性之间暧昧而模糊的界限为我们的问题提供了一个解释。尽管对于彭透斯而言，宫殿场景中他疯狂的表现与之前他努力塑造的理性、克制的形象形成了鲜明的对照，然而或许连彭透斯自己都没有意识到的是，事实上早在此次他的"疯病"严重之前，他就已经显露出他非理性甚至疯狂的特质——只是他自己在刻意地回避罢了。彭透斯的疯狂在戏剧一开场就有所暗示。正如上文中提到的，面对僭越了城邦礼法秩序的特瑞西阿斯与卡德摩斯，彭透斯的反应是极为强烈的，他不仅严厉呵斥两位老人对酒神的崇敬，而且当两人理性劝告彭透斯不要与天神为敌时，这位国王依然偏执而愤怒地拒绝了他们（343—351）。而当彭透斯面对狄奥尼索斯时，他的愤怒更加强烈：三次，这位国王急切地催促守卫将他抓住并锁起来（503，505，509—510）。面对冲突升级，狄奥尼索斯说，"我警告你不要捆绑我，因为我是清醒的，而你不是"（504），然而此时彭透斯已经听不进任何劝告，他当然也分不清自己如今冲动的命令中究竟还有多少理性与清醒。这位国王的执拗与盛怒促使酒神一旁的歌队——酒神的信徒们——发出了呐喊："彭透斯发出了怎样的愤怒！这地生的种族，龙的后裔，地生的埃克昂生了他，但他根本是个凶残的怪物，不是人类啊！"（538—540，对比647）歌队口中这个发怒的怪物，正是那个以理性、克制与秩序为标榜的"地生人"后代彭透斯。

可以说，彭透斯的愤怒、疯狂和非理性并非酒神外在赋予的，而是他自己本就拥有的自然本性。无论彭透斯是否承认这一本性，他都无法完全地规避它。这是为何，不待狄奥尼索斯"使用"他的神力使其发狂，彭透斯本人就已经由理性转变为疯狂了。对比此时愤怒的彭透斯与后来宫殿场景中那个挥剑乱砍的疯子，不难看出，这两者本质上其实并无区别：彭透斯早就出离理性了，只是他自己尚不自知。在清醒与疯狂、现实与梦境、理性与非理性之间模糊的转换中，彭透斯已经不知不觉地越过了界限，他也早已不知不觉地成为酒神式的人物，成为酒神的伴侣。狄奥尼索斯讽刺这位国王："你根本不知道你为什么活着，也不知道你在做什么，更不知道你是谁。"（506）而此时这个不自知的人只滑稽而不知所云地答道："我是彭透斯，伊基昂（Echion）与阿高埃的儿子。"（507）彭透斯其实并不了解他自己，他以为只要他维护秩序、坚守理性便可远离他所痛恨却实实在在存在的非理性与疯狂，然而，他的自我转变早已暗示这一切努力都是徒劳的。彭透斯此时成为无序本身——尽管讽刺的是，他正是"伊基昂与阿高埃的儿子"，"地生人"的后代。

因此，当我们追问酒神究竟何以如此轻易地就改变了彭透斯，或许戏剧对此的回答是：并非酒神改变了彭透斯，而是彭透斯本身就拥有疯狂、非理性、不可自制的本质，一旦这个本质被触发，那么彭透斯的改变——乃至城邦其他所有人的改变——也就自然而然地发生了。在这一点上，先知特瑞西阿斯就有过非常清晰的表述，他说："酒神不会迫使女人在面对情爱女神的时候保持端庄，而是节制总存在于人的内在本质之中。你必须看到这一点才行：如果一个女人本身能够自制，她是不会在酒神的狂欢中堕落的。"（314—318）特瑞西阿斯的意思很明确，事实上，所有一切的混乱并不是酒神的杰作，他仅仅是一个中性的存在。酒神无非是释放、推动人自身内在本质的呈现，而人自身败坏的本质才是恶劣后果的始作俑者。这就是为何本剧中不断出现的酒神的另一个名字是 Lysios，释放者[30]，而不是乱伦者。由此，或许我们更可以理解狄奥尼索斯作为"私生子"的这一意象：他所代表的或许并不仅仅是"私生子"或"私通"这一混乱的秩序，而是随时触发、导致秩序失控的"冲动"这一人性本质。"私生子"就是性冲动的产物。

　　尽管对于观众而言，狄奥尼索斯在宫殿场景的胜利已经充分地暗示了忒拜对酒神抵抗的失败，但对于剧中偏执而不自知的彭透斯而言，似乎只要他守住忒拜城门，不让这位酒神真正踏入城邦，他就还有机会拒绝成为酒神的伴侣。然而，随着剧情的发展，彭透斯乌托邦式的愿望被证明是越来越不可能实现的。如果说我们尚能理解彭透斯宫殿对抗的失败是由于他没有自觉地克制出离理性的"愤怒"，那么戏剧恰恰向我们展示，即便在彭透斯最在意、最敏感的两性问题上，他的酒神本质同样会令他失控——他最终还是会变成他最痛恨的那种疯狂而不加节制的纵欲者。我

----

[30] Segal（2001）1.

们将看到，正是彭透斯这不可遏制的欲望引领他走向最终的死亡悲剧。

与宫殿场景类似，在狄奥尼索斯与彭透斯最后一次的对决中，是彭透斯自己本来存在的欲望被酒神挑动。侍卫向彭透斯报告那些狂女信徒袒胸露乳喂养小崽而后又徒手与男子战斗并手撕大牛。听到这一切，彭透斯非常惊恐，想带领众人去山上打败她们。然而酒神追问他是否想先独自上山看看这些裸露的女人，这时，彭透斯立即萌生了好奇心，于是改变计划打算先去偷窥她们（778—786，810—811）。此时，彭透斯之前所有的远离情欲的理性与节制都荡然无存了。狄奥尼索斯问彭透斯："为何你如此渴望［去山上看这些女人］？"（813：τί δ᾽ εἰς ἔρωτα τοῦδε πέπτωκας μέγαν）彭透斯的回答是，他如果看到她们，他会很快活（ἡδέως）（814—816）。这里双方的用词都极具性暗示意味。狄奥尼索斯问话中的ἔρωτα正是希腊人所熟知的情欲，如果直白地翻译这句台词，那就是：为何你陷入了如此巨大的情欲之中？而彭透斯的回应则是，偷窥女人会使他获得ἡδέως——性快感。[31] 尽管狄奥尼索斯多次"提醒"彭透斯他将面对

---

[31] 这段对话其实充满着机锋。在酒神问彭透斯，他是否如此渴望去看那些女人时，彭透斯先是十分谨慎的："当然，看她们喝醉我也会难过。"彭透斯在回避暴露他的欲望。不过，酒神却没有轻易放过他。酒神往前推了他一把："不过，这让你感到痛苦的场景，你看了还是会有快感（ἡδέως），对吗？"这下，彭透斯才承认了他的真实想法，肯定了酒神的说法。在这一段短暂的博弈中，两人的对话最终落在了对ἡδέως的关注上。而当彭透斯承认了酒神对他的ἡδέως的揭露时，他便已经在与酒神的对抗中败下阵来。

的危险，但此时，我们看到，彭透斯的欲望已经不可遏制，他非去山上不可。他非常急切，多次催促（820，838），即便被要求穿上他所不齿的女人的衣服也在所不惜（821—837）。

自然，被引诱上山的彭透斯落入了狄奥尼索斯设计的陷阱，先前酒神警告他的一切都成为现实：他为他的疯狂而死。在这里我们无须赘述彭透斯最终如何被他的狂女母亲亲手碎尸万段血染山林，不过值得注意的是，在戏剧的这个结尾，贯穿全剧的私生子问题又回到了舞台中心。欧里庇得斯向我们揭示，彭透斯之所以会落入酒神的设计，恰恰因为他自己首先对那个陷阱充满了情爱的渴望。一经酒神挑逗，他的爱欲便根本无法自制。[32]是彭透斯自己不断催促着自己，走向野林中的女人。彭透斯的偷窥与乔装无疑暗示了这一爱欲的私密性——它并不合法，但充满了无以言表的迷狂与激情。在整个爱欲笼罩的场景中，不难想象，如果这并非狄奥尼索斯的陷阱，或许彭透斯本人真会不自控地与那些女人们私通，以此满足他急切的快感——而或许，他也会因此有了自己的私生子。讽刺的是，在爱欲的推动下，彭透斯要去接近的女人中还有他自己的母亲。而此时，我们看不到任何社会伦理在场：彭透斯只称她们是女人，早已将伦理秩序中的母子关系抛诸脑后。这里，阿高埃与彭透斯的碰面强烈暗示

---

〔32〕关于彭透斯的性好奇，见 LaRue（1968）。Dodds（1960）93 认为恰恰是彭透斯不自觉的欲望将他带入毁灭的歧路。

了某种乱伦的可能性——彭透斯看到了他母亲的裸体——不过最后这对母子的接触并没有带来情欲的快乐，而是在相互扭打中滑向悲剧的深渊。我们看到，在阿高埃杀死彭透斯的一刻，这位痛恨私生子、痛恨私通、痛恨非理性、痛恨无序的国王才清醒过来，试图回到他之前一直坚持守护的社会秩序之中。不过，一切变得徒劳。彭透斯求"母亲"认出她的儿子（1119—1120），而那个尚在疯狂中的女人却早已没有了理性。无法抑制的爱欲以及无法控制的迷狂，它们强烈地存在，不可能被轻易压制——这正是那个私生子狄奥尼索斯要彭透斯最终理解并承认的。彭透斯在他最后的疯狂中彻底成为酒神的伴侣。

"私生子"与"地生人"：文明的建构与困境

就整个戏剧的发展而言，我们看到有两股力量在不断发生着激烈的对抗：一边是私生子酒神狄奥尼索斯所触发的迷狂、非理性、激情以及失控，另一边是彭透斯所坚守的克制、理性、社会秩序与文明。忒拜城邦对酒神的抵制呈现的正是那个社会文明对破坏其文明秩序的力量的抵制。然而，彭透斯的悲剧向观众表明，这种抵制其实并不成功，因为那个城邦文明一直致力于否认甚至消除的力量不仅从未磨灭，而且其实一直存在于城邦之中，存在于每个个体的内在本质之中。它们本就是人性的一部分。一经召唤，那些被文明强力压制的迷狂、非理性乃至激情将在城邦中重新被点燃，正如彭透斯几度亲身经历的那样。值得注意的是，狄奥尼索斯一直强调，他并非忒拜所认为的是一个外来的新神：他恰恰是最古老的神祇之一。他的母亲就是忒拜老国王的女儿，他是被驱逐的，现在他是要回到他本应存在的地方。这一说辞几乎可以被认作整部戏剧的核心要义，无论是城邦对酒神抵制的失败，还是彭透斯个体内在的转变，事实上都在不断强化狄奥尼索斯"回归"的主题。

那么，这一"回归"究竟意味着什么？戏剧显示，它意味着以"私生子"为代表的——城邦通过建立社会秩序所极力排斥与压制的——两性、激情、失控、非理性乃至混乱都将获得这个希腊城邦的公开承认与接纳。我们还记得，在《伊翁》中，关于这一部分的表达是极为暧昧的。对于雅典这个以"地生人"的话语体系来建构城邦秩序及其"纯一性"的文明共同体而言，或许它可以接受的底线仍是在维护表面强大的"地生人"意识形态的前提下暗中承认两性社会不得不面对的黑暗的现实。然而，在《酒神的伴侣》这部欧里庇得斯的后期作品中，这位悲剧作家对"地生人"建构的文明秩序的反思发展出了更为强烈而直接的批判。狄奥尼索斯作为"私生子"面对文明秩序如此强势，他的故事清晰地表明，两性的结合、女人的不可控、秩序的混乱等问题本就是两性社会不可回避的本质。"私生子"必然会存在于"地生人"的世界。要以"地生人"的建构——排除女人、把控男人"种族"的纯一性——来维护两性同时存在的共同体秩序是不可欲也不可求的，这正是"地生人"这一文明建构在现实社会中将不断面临的困境。

我们看到，无论是欧里庇得斯的《伊翁》还是他的《酒神的伴侣》，两部戏剧都呈现出这位极富思考力的悲剧作家对雅典乃至希腊文明的反思。不同于伯里克利讲辞，悲剧的最大特点在于它能将叙事退回到远古"传说"的时代，但又同时为剧场中的观众提供对当代问题的追问。对于"地生人"神话这个特殊的命题而言，它在悲剧中的呈现十分富有意味。由于这一起源神话联系着当代的政治现实，关系到城邦的过去、未来以及城邦里生活的每一个个体生命的诞生与延续，因此，当神话进入现实时，神话与现实的张力自然成为一个需要且值得深思的议题。当起源变为延续，"地生人"变为两性生育，社会的意识形态在如此起源神话的影响下究竟会将这个社会引向何方？这是欧里庇得斯在悲剧中提出的问题。尽管这位作家并未给予我们明确的答案，但他的写作却展现了令人紧张的悲剧时刻，这些悲剧时刻无不脱胎于雅典社会、政治与宗教的种种建构，并构成了雅典文明的悲剧性本质。

对于神话与政治、神话与社会的问题，悲剧以其特有的叙事体裁最大限度地展现出其间可能的紧张、对抗与张力，它在欧里庇得斯笔下显得模棱两可，而正是这种模棱两可为悲剧在神话、政治与社会场域之间提供了一席之地。相较于悲剧，哲学则显得激进许多，它往往将问题推至澄明，这使得哲学家尤其是关注政治的哲学家苏格拉底受到城邦的攻击。然而，我们也可以说，柏拉图的苏格拉底恰恰是对"地生人"乃至整个雅典民主文明做出最深刻反思的一位雅典作家——他的反思如此深刻，以至于城邦最终投票处死了这位哲人。在柏拉图的对话中，他几度在最重要的时刻提到"地生人"神话，甚至对此神话进行了大篇幅的改写。这些对话及段落构成了柏拉图和他的苏格拉底对雅典文明尤其是雅典民主城邦的回应。在下一章中，我们就集中处理柏拉图的"地生人"问题。

第四章

哲 学

　　生活在雅典后期的柏拉图显然对"地生人"这一议题更为敏感。面对正在衰亡的雅典城邦，他的哲学思考除了与稍长他一些的欧里庇得斯一样在根本上表达出了对雅典民主的反思，他还毫无保留地对这个起源神话进行了更为犀利的批评。我们将看到，在《理想国》中，柏拉图的苏格拉底就把"地生人"神话直接称作"高贵的谎言"。而同时，柏拉图的思考并不停留在对这个城邦神话简单的批评上，他通过对"地生人"神话的改写，发展出了一系列新的政治与哲学理论。于是，在"高贵的谎言"被重新讲述后，理想城邦得以在哲学王国建立。这个城邦正是柏拉图对雅典城邦"地生人"理想的修正。除却政治相关的议题，柏拉图甚至将他对"地生人"的反思发展到哲学讨论的其他方面，例如在《会饮篇》中，他就把"地生人"神话纳入了关于"爱欲"（ἔρος）与哲学的思考。由此，"地生人"在柏拉图的哲学文本中不仅仅是政治的，而且是哲学的。可以说，在柏拉图哲学中，"地生人"神话经历了最深刻的转化：它一方面成为柏拉图批判的对象，另一方面，在经哲学家改写之后，它又成为柏拉图哲学理论建构的新基础。

《理想国》:"高贵的谎言"

在《理想国》第三卷中,苏格拉底开始描述他的理想城邦。他从城邦起源讲起,而这个起源历史同样采用了当时人们所熟悉的神话的叙事形式。尽管作为哲人的苏格拉底对传统神话有着十分强烈的保留态度,但是他说,作为城邦的统治者,为了城邦的利益,可以使用一些有益的谎言(389b)——神话——好让普通的公民理解城邦的形成。于是,在临近第三卷结尾的时候,他提出了著名的"高贵的谎言"(414c: γενναῖον ψευδομένος)这一命题[1]:

---

[1] 关于"高贵的谎言"西方学界向来有十分丰富的讨论,尤其是 *gennaion pseudos* 的意义问题:苏格拉底讲述的神话究竟在多大程度上是 *gennaion* 的,而又在什么意义上是 *pseudos* 的?由于 *gennaion* 与 *pseudos* 两者的希腊语意义都十分广泛,对这一短语的翻译和解释因此也层出不穷。关于 *gennaion*,例如 Page(1991)21 就主张将之理解为出生好的(well-born),因为苏格拉底所意指的神话含有"无瑕疵的、纯粹的"意义。Schofield(2007)138 则采用更为普遍的翻译,认为 *gennaion* 是高贵(noble),但他同样指出,这种"高贵"的谎言是"不被质疑的、真实的"谎言。而关于 *pseudos*,尽管大部分学者认为它意指"谎言"[例如 Markovits(2008)144,Brisson(1998),Bloom(1968)],但对一些学者而言,"谎言"或许是太强的一个词,因此主张翻译为"编造"或"虚构"之物,如 Ferguson(1981)260。笔者仍然采用"高贵的谎言"这一意义,因为对于柏拉图的苏格拉底而言,他所讲述的故事是不同于传统神话故事的,他的故事去除了传统故事中可能败坏青年的部分(见《理想国》1—2 卷的讨论),因此是"好的",而这个故事恰恰又是"地生人"这一雅典城邦公认的"高贵的"神话,因此更是"高贵的";但同时由于讲述的形式是与直抵真理的哲学思辨不同的杜撰的故事,因此,是某种编造的谎言,与"真理""真实"相对。但即便如此,读者也应注意到这个词所包含的丰富的意涵以及它可能传达出的多层的意义。

现在我们或许可以用什么方法说那样一个高贵的谎言，使统治者们相信（最有可能的话），或至少使城邦里其他人相信（若不能使统治者相信）。(《理想国》414c）

据苏格拉底说，这个"高贵的谎言"是很久以前许多地方早已流传过的"腓尼基人的传说"，这个传说一度让人信以为真，但现在已经听不到了，而且也没有任何说服力可以使人相信了（414c）。起初，他吞吞吐吐似乎很不愿明说这个"高贵的谎言"到底是什么，在格劳孔的强烈要求下，他才说，他很希望城邦的统治者和军人以及城邦的其他人相信下面这个故事：

他们本人、他们的武器以及其他铸造工具，在那时真的是在大地（γῆ）深处被陶铸、被孕育出来；而当这一工序完成，大地（χώρας），也就是他们的母亲，将他们送到世界中来。因此，一旦他们生活的这片土地遭遇进攻，他们就必须为它而战，将它视作母亲与养育者来保卫，并将其他的公民看作大地生的兄弟们（ἀδελφῶν ὄντων καὶ γηγενῶν）。(《理想国》) 414e）

不难看出，这个"高贵的谎言"正是我们多次讨论的"地生人"故事。在叙述中，苏格拉底点出了"地生人"神话的根本要义：因为由同一母亲所生，所以这些由地而生的人就将彼此看作兄弟，相互友爱；又由于这位母亲是城邦的大地，因而他们有与生俱来的责任保卫她不受侵害。于是，这些"地生人"形成了城邦共同体团结的基础。这不禁让人想起伯里克利的葬礼演说。

不过，细心的读者会立即注意到，苏格拉底并非仅仅简单复述了大众所熟知的城邦起源故事，而是在他的版本中夹杂了许多新的元素，从而试图改变整个叙事的基调。最为突出的一点是，在柏拉图的书写下，那个人所共知的"地生人"故事事实上只是苏格拉底"地生人"故事的一半。故事的另一半则是苏格拉底后续添加的新说法：

> 我们在故事里将要告诉他们：虽然你们城邦中所有人都是兄弟，如同神话所说；不过诸神在你们来到这世上前，早在有些人身上混合了黄金的起源，这些人成为统治者，因为他们最宝贵；将白银混进一些人身上，他们成为辅助者；又将铜和铁混进了一些人身上，他们成了农民和工人。（《理想国》415a）

这个说法不见于其他的"地生人"神话版本，是苏格拉底的独创。[2]它说的是，虽然城邦的公民们都同样从地而生，

---

[2] 在此，柏拉图很有可能是借鉴了另一个著名的神话——赫西俄德的"五代神话"，而将两个神话巧妙地融合在了一起。关于赫西俄德的"五代神话"，见赫西俄德，《工作与时日》110—200。"五代神话"的融合，参见 Hyland 1988（328），Benardete（1989）76-78，Carmola（转下页）

但他们彼此之间其实在出生之前就注定有所不同。有的人更优秀，于是他们出生之后成为统治者；有的人平庸一些，于是成为其他职业的公民，例如农民和工人，受前者统治。在这样一个起源系统中，社会有了天然的分工和社会等级，而这一切都是公民们从地而生的一刻自然形成的。

我们看到，尽管苏格拉底的这个城邦同样延续了"地生人"起源神话的修辞，但是他的社会在加入了后半段新的讲法之后已经变得极为不同：这不再是一个处处平等的民主社会，反而是有着鲜明的阶层区分的邦民共同体。显然，这一系列对"地生人"的明确改写直指当时民主雅典的现实状况和流行的"地生人"所宣扬的民主意识形态，而柏拉图如此大胆的改编已经清晰地表明他对雅典民主及其"地生人"意识形态的批评态度。对于柏拉图而言，城邦真正的现实图景绝不是"地生人"所宣扬的简单平等，重要的反而在故事的后半部分：平等之下被隐藏的天然的不平等。这种不平等来自个体天生禀性的差异，是任何意识形态和政治制度都无法从根本上消除的。因此，"地生人"并不天然地意味着生而相同或者平等，它可以是充满差异甚至是不平等的。

（接上页）（2003），Schofield（2007），Williams（2013），Van Noorden（2010）。不过，值得注意的是，苏格拉底在这里的讲述绝非单纯对"五代神话"的挪用。一个明显的区别是，柏拉图神话后半段中的金银铜铁并非代际概念，而是同时出现在一代之中。因此，对于两个传统神话——"地生人"与"五代神话"——柏拉图都做出了颠覆性的改写，以此来服务于他新的写作目的。所以，无论如何，柏拉图中的"地生人"叙事都是一个值得关注的创新。

在这后半段叙事中，我们还看到一个更令人沮丧的图景，即，一代又一代的大地之子绝不像伯里克利在演讲中所说，"他们都是同样的人，一代接着一代（οἱ αὐτοὶ αἰεὶ οἰκοῦντες）"[3]，恰恰相反，每一代的金银铜铁组合很可能完全不同，并非"什么样的父亲生什么样的儿子"，而是如苏格拉底所说"不免金父生银子，银父生金子"：统治者的后代很可能其"心灵中混入了一些废铜烂铁"，而"农民工人的后代"很可能发现其天赋中有有金有银者。这样的结果是："如果他们后代的心灵中混入了一些废铜烂铁，就绝不能稍存姑息，而应当把他们放到与其本质相符的位置上，将他们赶出去并安置于农民工人之间；如果农民工人的后辈间发现天赋中有有金有银者，就要重视他，把他提升到护卫者或辅助者中间去。"（415c）苏格拉底的意思相当清楚：单凭"地生人"这一"自然"过程，并不能确保城邦的纯一性，也无法确保城邦希望的"一代又一代"的同质性。雅典流行的"地生人"版本中的出生定终身的理想其实是不现实也不可能实现的。在此，城邦所追求的"政治"的同一性成为一个需要再讨论的议题。

我们看到，柏拉图的"地生人"故事由这位哲学家对城邦政治中的起源神话的反思而开展出了一个完全不同的形态。恰恰是苏格拉底对后一半故事的叙述揭露了传统"地生人"的真实面目：它其实是一个起源谎言，尽管有可能它的

---

［3］ 修昔底德，《伯罗奔尼撒战争史》2. 36.1。

112 "地生人"与雅典民主

确是高贵的。由两部分组成新神话，整个"地生人"话语由此经历了最为深刻的转化。

不过，柏拉图对传统"地生人"神话的批评并不意味着他彻底地放弃了这一"高贵"的叙事以及这一叙事所显现出来的伟大企图。事实上，柏拉图对城邦共同体的思考与传统"地生人"的核心关切并无二致，他延续了后者对城邦的秩序与统一的关注——只不过对于这位哲学家而言，传统的"地生人"由于过于理想化的建构而并没有真正解决两性社会的"统一"和"同一性"问题罢了。因此，正如我们看到的，尽管在改写中柏拉图的苏格拉底揭露了传统"地生人"的"谎言"所在，但在对原有神话进行改写之后，他还是将这种起源修辞保留了下来，作为自己理想国城邦构建的基础，朝着"地生人"所努力的城邦"同一性"的方向迈进。对于柏拉图的苏格拉底而言，关于理想城邦的中心问题仍然是：在如此一个充满"异质性"的社会，如何才能真正达到社会的统一与同一。

在柏拉图的理想国建构中，他清楚地表明：对于一个有着天然差异的城邦而言，要真正实现共同体的"同一"，就不应回避本就存在的差异性，而是首先要承认它们。在此基础上，才应考虑如何在这种差异性的基础上仍然实现城邦的同一。因此，在苏格拉底为城邦提出的新的"正义"原则中，我们看到的正是柏拉图对这个问题的思考：如何将城邦中不同的个体恰如其分地安排在城邦的各个位置而达成城邦的和谐。由此，城邦的"正义"原则被描述为："每个人必须在国家里执行一种最适合他天性的职务”，“正义就是自己做自己适合的事”（433a—434a）。作为被统治阶级的工人、农民，他们应甘愿接受统治，而统治者阶层及其官僚则应做“优秀的护卫者”。如果城邦的各个阶层乃至个体都能恰如其分地安守于各自的职分与位置，那么城邦的运行将富有秩序并且总体上团结一致。

我们看到，柏拉图的理想城邦与传统“地生人”意识形态中的城邦显现出了明显的区别：它并非一个平面的同质性共同体，而是一个充满等级结构的系统。在这一系统中，并不是所有的公民都“人人平等”，而是在有条件的区分下，“平等地”完成各自适合的工作。差异性（金银铜铁）来自天生的自然起源，不过同时，差异性中蕴含的平等性（都是大地之子）又确保了公民职业划分的公平与统一。在新的“正义”原则下，城邦的政治原则自然而然地相较于传统“地生人”的设想发生了改变。由于城邦区分了阶级，区分了统治者与被统治者，柏拉图这个理想的城邦成为一个自上而下的政治有机统一体。在经过苏格拉底一系列细致的讨论之后，我们看到，这个体系形成了明确的阶层和职能划分与政治运行机制：智性高者（哲人王）统治普通大众，后者遵循前者的政治原则。

关于哲人王统治的正当性及其统治原则（以及与之相关的城邦与灵魂的对比等），是《理想国》的一个重大问题，学界向来多有讨论。由于本书的篇幅限制，在此不再继续展开详细的探讨。然而，在整个的城邦结构与政治建构中，仍有一个十分关键之处值得我们注意，这便是柏拉图的苏格拉底对作为统治阶层的护卫者的安排。我们在上文中已经看到，由于天分的差异，不同阶层的公民可以理解并实行的理想的政治原则会天然地有所差别。即便有哲人王进行统治，也很难对城邦最基层的阶层——农民、工人——做出最严格的要求。这使得在不同的阶层，不仅职位分工不同，阶层内部的组织安排也形成了巨大差异。最明显的一点便是，对于理想城邦中的基层阶级亦即被统治阶级而言，他们中存在的一定的冲突、混乱和无序，统治者多少会容忍甚至妥协，只要这个阶层能够受统治者的统治并跟随统治者的教诲，整个社会还是会保持相对统一与稳定的状态。于是在这个阶层，老百姓还是过着传统的两性社会生活，仍然充满血气、欲望与两性的张力。但对于那些拥有更高智性、能够更好理解并实施哲人王统治原则的护卫者阶层，柏拉图的苏格拉底则对他们提出了更高的要求，对他们可以达成的"同一"与"统一"提出了更高的期望。我们将看到，在这个智性处于同一阶层的共同体中，苏格拉底开始重新追求共同体的"同一性"。这位哲学家设想了与传统社会截然不同的极端的社会组织原则，这个原则带有明显的思想实验的特点，直指甚至意在超越雅典"地生人"所追求的城邦的"同一"。可以说这个新的社会原则激进地体现了苏格拉底理想城邦中最为"理想"也最为接近他修正后的"地生人"城邦的一种社会模式。在这个小范围的阶层中，"地生人"所期望的"同一"得到了最大程度的实现。下面我们就来看一看苏格拉底是如何一步步构建这个全新的社会组织架构，修正传统"地生人"对城邦"同一性"的建构的。

苏格拉底认为，为了国家成为一个有机的、凝聚的共同体，为了更好地服务于哲人王的统治，这些属于统治阶层的护卫者们应该形成绝对的"同一"：

> 第一，除了绝对的必需品以外，他们任何人都不得有任何私产；第二，任何人不应该有不是大家所公有的房屋或仓库。至于他们的粮食则由其他公民供应……他们必须同吃同住，像士兵在战场上一样。……他们更不需要人世间的金银了。(《理想国》416e—417a)

这是一个十分激进的政策，它指向的恰恰是城邦建构中重点关注的同一性问题。取消所有护卫者的私产，意味着将护卫者本人的私有化全部抹消掉了，这在苏格拉底看来是一个共同体必须对护卫者做出的要求。原因在于，从根本上讲，所有的异质性都来源于个体的差异。由于每个人都是个体与私人，他们有着"自我"的概念，因而不可能为共同体的同质性道路做出毫无保留的努力。"他们要是在任何时候获得一些土地、房屋或金钱，他们就要去搞农业、做买卖，就不能再搞政治做护卫者了"，为自己牟利、爱着自己的护卫者会"从人民的盟友蜕变为人民的敌人和暴君，他们恨人民，人民恨他们；他们就会算计人民，人民就要图谋打倒他们"（417b）。因此，如果要真正实现传统"地生人"所期望的"同一"，那么第一步就必须实现护卫者阶层的共产，如此一来就可以使所有公民获得最大幸福，从而实现"作为整体的幸福国家"这一目标（420c）。

然而，仅仅在护卫者阶层的男性中实践共产是不够的，因为苏格拉底立即意识到，与"地生人"起源时刻不同的是，现实城邦是一个两性社会，它需要两性生育与繁殖。因此，如果仅将某个阶层局限于男性，那么这个阶层要么就会因缺乏生育而无法延续下去，要么就需要与其他阶层的女人生育而不再能确保阶层的纯粹与同一。因此，两性社会就必须把女人也纳入与男人同样的阶层之内——在这里便是护卫者阶层——从而保证护卫者阶层内部的"同一性"可以自我延续。那么在护卫者阶层的女人与传统两性社会中的女人有何不同呢？苏格拉底提出：

> 对于按照我们先前说过的那样成长和教育出来的男人而言，我认为他们保有女人与孩子唯一正确的方式是要求她们也像男人那样。……我们不分男女地使用女人，就一定要给女人同样的教育……没有任何一项管理国家的工作，因为女人在干而专属于女人，或者因为男人在干而专属于男人。各种禀赋才能同样分布于男女两性。根据自然，各种职务，无论男女都可参加，不过总的来说，女的比男的弱一些罢了。（《理想国》451c—455e）

这一段的意思是说，在政治与劳动上，男女的工作没有天生的区别，因而无论是男人还是女人，都可以无区分地进入城邦参与公共劳动以及公共政治。如果说苏格拉底的第一个提议意在重新塑造传统"地生人"没有完成的共同体的"同一性"，那么这第二个提议则完全与传统"地生人"的设想分道扬镳了。最为突出的是，与传统的"地生人"刻意要将女人排除在城邦之外的做法恰恰相反，苏格拉底理想政体中的女人不仅没有被排除在外，还被赋予了与男人几乎平起平坐的同等身份。父亲与母亲在身份上也没有区别，他们总是同时被提及。在这样一个共同体内，女人不再作为"他者"被男人视为异族，而是被真正接纳为整个城邦的一员。从而，女人与男人的两性生育就不再是一个异质性结合的过程，当女人被纳入同质性的城邦内部时，两性的结合反而成就了最大的同质性基础。阶级的区分代替了性别的区分，而这一区分对于自然禀性（金银铜铁）不同的人而言更为重要也更为根本。

在这里，柏拉图对民主的"地生人"神话的修正显而易见：既然在两性社会中男女的结合是"天然不可遏制的需要"（458d），那么在对待两性的问题上就必然需要正视这一天然的需要而不是像传统的"地生人"一样压制甚至回避它。所以，与城邦的"地生人"神话完全不同，柏拉图的苏格拉底让女人从私人的、"他者"的、"另一种族"的领域走了出来，成为与男人几乎没有差别的人。由此，男女的区分被消除，两者平等，两性共同体成为"人"的共同体。由此，传统"地生人"一直不能解决的"差异"归为"同一"。

不过，要达到绝对的"同一"，仅仅共产与纳入女人还远远不够，因为男女组成的家庭始终使这个小共同体处于私有的状态之中，而不能完全达到整个共同体的公共化与同一化。正如传统"地生人"已经表明的，要构建城邦的同质性，就需要彻底废除城邦内部的私有性。因此，在柏拉图的新版本中，他废除了以男女结合为根本的私人关系与个体家庭。这无疑意味着需要将所有人——不仅男人，还有女人与小孩——统统都变为公共的个体。这正是苏格拉底提出的共产的根本基础：共妻共子。

> 所有的女人都共同地属于所有男人，不许任何女人私自地与男人住在一起［结为家庭］[4]。同样地，儿童归公共所有，这样所有父母不知谁是他们的亲生子，孩子也不知谁是他们的亲生父母。

> 他们的立法者，将选出一些女人，就像选出那些男人一样，她们的品质要尽可能与这些男人一样，然后立法者就把她们交给男人们。他们同吃同住，没有任何私有财产，彼此在一起，共同锻炼，并且共同抚育后

---

[4] 方括号内容系笔者所加。希腊语 συνοικεῖν 本义为"住在一起"，而古希腊思想中，"男女住在一起"即为"结合为家庭"。具体讨论请见附录一。这里笔者专门标出［结为家庭］，因为"家庭"概念在这里正是柏拉图重点讨论的问题。

代，他们会由天性使然而导致两性的结合。(《理想国》458d）

　　将女人纳入同质性的共同体，传统"地生人"中共同的大地在此变为了共同的女人们。"儿童归公共所有，父母不知谁是他们的亲生子，孩子也不知谁是他们的亲生父母"，这意味着女人子宫以及家庭对后代的私人占有完全不存在了，城邦内所有人成了公共的人。这里，恰恰是共同体中公共的女人真正确保了整个两性社会的公共化。在这一系列彻底的公共化过程中，我们看到，柏拉图所构建的"同一性"远比传统的"地生人"极端得多：取消单个家庭的存在意味着城邦成为所有成员的直接归属，甚至连家庭中私有的成分也抹去了。进一步，私人的与公共的在最小单位（个人）那里得不到任何区分。这种公共性必然指向一个政治化的结果：城邦最终使所有人成为完全的政治之人——不仅男人如此，女人、儿童也如此。

　　由此，在柏拉图的版本中，整个城邦中存在的不再是传统"地生人"中的雅典公民与作为"他者"的女人，而是混为一体、了无差异的共同的父亲们、共同的母亲们与共同的孩子们。城邦成为一个真正的超级家庭。所有的人都成为家庭的一分子，他们都以亲族相称。这里的亲族关系比传统"地生人"话语中的兄弟关系更为稳固，因为它实在地建立在一个"政治同一"的大家庭上，"他一定会把他所碰到的任何人看作是与他有关系的，是他的兄弟、姐妹，或者父亲、母亲，或者儿子、女儿，或者祖父、祖母、孙子、孙女"（463c）；同时城邦的道德也在父—子的代际关系中形成实际的约束，"羞耻之心阻止他去冒犯任何可能是他父辈的人；畏惧之心使他生怕有人来援助受害者，而援助者可能是他的子辈、兄弟或父辈"（465b）。

在上一章中，我们已经看到，悲剧对"地生人"在两性社会中的困境提出了深深的忧虑。由于城邦的"地生人"神话对女人强制性的排除，现实的两性社会中的两性问题根本无法得到安放。而在此，我们看到，柏拉图致力于解决这一巨大的困境：他从两性社会的基础出发，改变了"地生人"的基本叙事。在城邦神话中最敏感的男人与女人的区分在苏格拉底的理想政体中不复存在；或换句话说，男人凭借在自然起源上排除女人而获得的"同一性"已经不再必要了；城邦内不再有任何的"他者"而是所有人全部同一。由此，致力于建立的"同一"的城邦大家庭似乎反倒是在苏格拉底的理想城邦中实现了。这正是柏拉图在对传统"地生人"神话反思基础上做出的重大突破。

然而，在生物学的层面上，男女之间毕竟存在着根本的差异。那么，通过纳入所有男人、女人与儿童而达致的政治"同一性"如何可能实现？在回答这一问题时，苏格拉底提供了完全不同于"地生人"神话的答案：要实现城邦同质性，就要首先在教育上实现同一。在苏格拉底关于护卫者阶层的培养的讨论中，我们看到，城邦最重要的任务就是给予女人与男人同样的教育，从音乐、体操到军事、政治，凡是男人受到的教育，女人都应一同享有（452a—c）。如此，教育可以使妇女（儿童）在政治本质上达到与男人几乎没有差别的状态："如果在男性与女性之间，发现男性或女性更加适宜某一职业，那么我们就可以将这种职业分配给男性或女性。不过，如果我们发现，在两性间唯一的区别只是生理上的区别，阴性授精生子，阳性射精生子，我们不能据此就得出结论说，男女之间应有我们所讲的那种职业的区别了。"（454d—e）换言之，个体间自然差异虽然不能消除，但这种差异可以通过人为的手段在文化层面来抹平。在子女不知亲生父母、父母不知亲生子女的状况下，教育的努力恰恰可以成为造就政治认同的有效路径。追求人的自然上的平等由此转化为追求政治文化上的同一。另一方面，通过共同的教育，城邦也为真正养育它的人民负起了责任：人的成长与发展完全托付给了城邦的公共教化，由此，个体不仅在社会组织上而且在精神归属上也完全地属于集体了。在整个城邦的熔炉中，个人与城邦、个人与个人建立起了真正直接而密切的关联。

在所有同质性的因素统统具备后，使这个"同一性"城邦成为现实的决定性因素终于被提出，即上文中已经提到的统治整个城邦的"哲人王"。

　　除非哲学家成为我们这些国家的国王，或者我们目前称之为国王和统治者的那些人物，能严肃认真地追求智慧，使政治权利与聪明才智合而为一。那些得此失彼，不能兼有的庸庸碌碌之辈，必须排除出去。否则的话，我亲爱的格劳孔，对国家，甚至，我想对全人类，都将祸害无穷，永无宁日。(《理想国》473e)

之所以只有哲学家（而非其他人）才能担当柏拉图理想城邦的统治者，原因就在于，哲学家所追求的哲学本身就是普遍的、同一的存在。相比其他人而言，哲学家可以成为最无私因而也最公正的人。而同时，由于哲学家具备所有优良品德（487a）、能把握永恒不变的事物（484b）、有能力成为一个照顾到整个城邦、指引城邦航船方向的舵手（488a—e），因此，只有他对那个绝对"同一"的共同体进行统治才能杜绝新社会中因绝对的平均而造成的无序与混乱。到此，柏拉图对传统"地生人"的整个修正终于告一段落。

不过，我们要问，是否柏拉图新的"地生人"建构在此取得了胜利？对于这个问题，我们的回答或许并不轻松。关于柏拉图的理想城邦，主流学界早有共识：《理想国》引入哲学与哲学王本身就充满着讽刺性意味，理想国——或"最好的城邦"——其本质是乌托邦式的。[5]且不论哲人是否愿意成为统治者，也不论城邦是否接受其为新城邦的统治者，单就修正的"地生人"的社会结构尤其护卫者阶层的社会结

---

〔5〕主流学者基本赞同柏拉图的《理想国》是一种乌托邦式的建构，最为激进的论述可见 Strauss（1964）以及 Bloom（1968）。同时可参见 Taylor（1956）278，Popper（1952），Annas（1981），Benardete（1989），Burnyeat（1992），Rosen（2005），Morrison（2007）。

构而言，以完全排除私己性与异质性的手段来达成的"同一"，在根本上就是反自然的。悲剧已经向我们显示：现实政治世界其自然本质就是异质的，冲突、差异永远存在。在这个层面上讲，或许柏拉图通过修正"地生人"来构建他自己的理想城邦，其意图本就不在实现这一理想，反而是向读者揭示出一个更大的荒谬：一方面以伯里克利为代表的雅典民主政治对"同一性"的构建在根本上就是谎言；而另一方面，即便经过修正，"同一性"也根本不可能在现实社会中实现。这种修正越是彻底、越是极端，便越是虚无。

然而，柏拉图对"地生人"所蕴含的"同一性"问题的讨论并未就此停止，他从政治的思考转向了更加形而上的哲学思考。他期望在形而上哲学中实现神话与政治都未能实现的"纯一"。我们将看到，作为"同一性"新的起点，柏拉图在经历了政治上对同一与差异的充分反思后，他在哲学真理的追求上不再以消除"差异"来追求纯一，而是首先直面的就是"差异"所指向的他者与对象性问题。因而，在时刻伴随着"地生人"身影的哲学思考中，柏拉图大胆地邀请了"他者"与"对象"的出场。他以《会饮篇》中对爱若斯（Ἔρος，爱）的讨论为开端，来追寻哲学的本质，并在一开头便告诉我们，爱若斯永远是两者之间的事。

《会饮篇》：二与一

当我们谈论爱若斯时，或多或少有这样模糊的印象：

"它代表着神性意志与繁衍的力量",并"在情爱女神那里显露某种挑逗的交合之欲的眼神,这让人狂迷不已"。[6]在古希腊的神话中,除了赫西俄德极简单地提及爱若斯以外(他将其作为爱神与繁衍的本源,与大地一起产生于混沌之中)[7],爱若斯的形象可谓十分模糊。对于爱若斯起源的具体描绘,我们迄今所知的最早文本是阿里斯托芬的《鸟》。根据阿里斯托芬描述,起初,夜神纽克斯生出一个风卵(hypenemion),爱若斯从中诞生。在茫茫的塔尔塔罗斯里纽克斯与混沌卡俄斯交合,生出鸟类,并与万物交合,生出天空乌兰诺斯、大地盖亚、海洋俄刻阿诺斯和永生的神灵们。[8]或许正是由于爱若斯起源的模糊性,它给我们留下的始终都是不可追溯的"最初之神"(πρώτιστον)[9]的印象。[10]

尽管爱若斯形象缥缈,但无论是在赫西俄德还是阿里斯托芬的文本中,这个最初之神,都被清晰地赋予了一种象征性的功能,即,它是一种推动诸种相异的实体不断分离又

---

[6] Otto（1981）123.

[7] 赫西俄德,《神谱》120—122。

[8] 阿里斯托芬,《鸟》684—703。

[9] 爱若斯作为"最初的神",除了文中提到的两个文本,欧里庇得斯在《许普西皮勒》(*Hypsipyle*)中,也指出爱若斯在明亮的光线里,犹如最初出生的(πρώτογονος)。而这也似乎印证了俄耳甫斯教传统与巴门尼德(Parmenides)的话:神性冥望着爱若斯,如"最初的神"(πρώτιστον)。参见欧里庇得斯,《许普西皮勒》57,20—25;巴门尼德,残篇13。

[10] 除了赫西俄德和阿里斯托芬,还有一些残篇赞颂过爱若斯:萨福(Sappho)(残篇198)、西蒙尼德斯(残篇122,124,128)、伊比库斯(Ibycos)(残篇43)、巴库利德斯(Bacchylide)(*Epinicies*,Ⅷ.72)。

聚合的力量。爱若斯在脱离夜神纽克斯那未经区分的雾团后就产生了两分的神祇与世界：天与地、永生者与有死者、男性本源与女性本源。在两分世界产生之后，爱若斯就开始促进它们结合与繁衍。于是，作为一种原始力量，爱若斯将分离的两者结合在一起，使之聚合甚至同一。

可以说，恰恰是爱若斯的这一"分离与聚合"的特性，使之成为柏拉图哲学中一个重要议题。我们在前面的章节中已经表明，从传统希腊社会到柏拉图的政治哲学，"同一与差异"问题向来都是古希腊世界的一个核心关注——无论是两性的冲突与张力、"地生人"的理想建构、城邦的内外之别还是悲剧与哲学对这些冲突与张力的反思，本质上都围绕着"同一与差异"问题向不同面向展开。如何在一个有差异的世界中实现同一，成为不同作者、不同文体、不同思想的共同关注。爱若斯及其神话所呈现的正是在充满差异与分别的世界中促进结合、实现同一的过程，通过对爱若斯的直接探讨，"同一与差异"的问题将得到更加深入的理解。因此，我们或许并不惊讶在柏拉图的诸多作品中，关于爱若斯的讨论占据了一个专门文本——《会饮篇》，在这个文本中，爱若斯、"同一与差异"成为一个严肃的哲学问题。

有趣的是，正是在这个专门关于爱若斯/爱欲的讨论中，"地生人"神话再次出现了。它出现在整个《会饮篇》的中间段落，由阿里斯托芬讲述。我们还记得，无论是在传统的"地生人"中还是在悲剧对"地生人"的批评中，爱欲及其相关的两性问题都是十分关键而敏感的话题：传统"地生人"驱逐女性、隐没爱欲,而悲剧恰恰表明女性与爱欲不可能被轻易驱逐。在这一背景下,《会饮篇》中再现"地生人",其意义就显得尤为重大:这是柏拉图哲学对爱欲与"地生人"传统的直接探讨,更是柏拉图对两者关系的再次梳理。因此,尽管《会饮篇》通篇讨论爱欲,不同人物对爱欲的讨论引发读者多重思考,但针对本书的主题,我们将重点考察讲述了"地生人"神话的阿里斯托芬讲辞,并在阿里斯托芬讲辞之后,看看柏拉图哲学如何基于爱欲与"地生人"发展出关于"同一与差异"问题的哲学论题。

关于"地生人"的故事,阿里斯托芬是这样描述的(189d—193a):事实上在最早的时候,地上有三种人:男人、女人以及两者的结合,名为"阴阳人"。所有这三种人都是圆形的,背和两边圆成圈,有四只手,四只脚,两张脸和同一个脑袋。耳朵有四个,生殖器有一对。从起源上讲,男人是太阳的后代,女人是大地的后代,而阴阳人则是月亮的后代。至于繁衍后代,这些圆形人——无论男人、女人还是阴阳人——都是将生殖器插入地里(εἰς γῆν,191b)生育子女,相互并不交合。由于这些人身形都成球形,因此他们跑起来就像滚铁环一样非常快,力大无穷,这让诸神恐惧。为了削弱圆形"地生人"的力量,诸神就设计将他们都砍成两半,于是无论是男人、女人还是阴阳人,他们都变成只有一张脸、两只手、两只脚,只能用站立的双脚缓慢行走了。被切作两半后的圆形人开始了对另一半原配的苦苦追寻,他们有的一生寻求无果,而幸运一些的则找到了彼此,然后紧紧相拥，不再愿意分开做任何事情。因为这些粘在一起的圆形人不再生育，他们都相继死去，后代无存。面对如此境况，宙斯只能将这些半人的生殖器移到前面，从此之后，被砍成两半的男人和女人在相互交合之后便可以生育后代延续他们的模样，不过这也意味着人类再也无法回到圆形人时代了，圆形人被诸神成功地削弱了。讲述完这个神话，阿里斯托芬说，"我们个个都只是人的一块符片，因为我们像被一切为两片的比目鱼。所以人总是在寻求自己的另一片，那作为自身符片 [的另一半]"（191d）。[11] 如果能通过结合回到原初完整的圆形人（例如在能工巧匠赫菲斯托斯的帮助下 [192e]），那么这将会是世间最幸福的事。爱若斯——结合的欲望——在很大程度上促成了圆形的归复，这是为何爱若斯如此重要，为何它应该被歌颂。

从整个神话故事来看，阿里斯托芬对回归原初之 "一" 的强调是不言而喻的。相较于在他之前的几位演讲者，阿里斯托芬的确在弥合 "同一与差异" 的矛盾上做出了努力。在阿里斯托芬之前，无论是主张情爱至上的斐德若，还是区分了高贵低贱情爱的泡赛尼阿斯，抑或是持身体爱欲论的厄里刻希马库斯，他们都一致相信，爱若斯是一个主体对另一个主体的爱欲。由于这些讲辞都不约而同地指向了起源本就不同的两个独立个体，因此即便爱欲导致双方的结合，这一结

---

〔11〕柏拉图，《会饮篇》191d。本文所有《会饮篇》的中译文，如非特殊说明，皆引自刘小枫（2003）笺注译本。此段译文有所修改。

合也只可能是两个不同主体的黏合，而不可能完全达致"同一"的状态。阿里斯托芬抓住爱若斯本身的起源时刻——将世界划分为二之前的整全的混沌时刻——对爱欲的"结合"做出了修正。这一修正便是：爱若斯真正的力量并不是将不同起源的两者聚集在一起，而是在起源上将两者最终归复为一。而这"一"的状态恰恰就是远古"地生人"的整全状态。由此，爱欲、"地生人"与"同一"的主题在这一讲辞中被凸显出来："地生人"状态就是在爱欲出现之前，"同一"就是在"地生人"时刻。

不过，尽管传统"地生人"也期望达到"同一"的状态，但阿里斯托芬这里的叙述显然不同于传统雅典"地生人"，它一开始便出现了男女的区分。只是由于彼此的"整全"，各个个体之间实际上不存在本质上的差别——他们都是"一"，都自给自足各自完满——因此不同人种之间也就不存在差异性的冲突。"圆满"（well-rounded）所象征的完满是传统"地生人"所缺乏的：由于传统"地生人"的世界是一个极为收缩、排外的"雅典男人"的世界，它所追求的"同一性"只能建立在差异与比较的基础之上。就这一点而言，传统"地生人"并不具有阿里斯托芬"地生人"真正的自足性，这也是为何女人必然成为"他者"，与"地生人"对立而且冲突。

于是，在对"完满"强调的基础上，阿里斯托芬将原本仅仅局限于"男人"种族的"地生人"扩大开来。尤其值得注意的是，在对"地生人"种族的修正中，阿里斯托芬还引入了除却男人、女人之外的第三种人：阴阳人。根据阿里斯托芬，阴阳人就是男人与女人的合体，或可认为是半男半女之人。自然，这个人种是阿里斯托芬的想象，但在爱欲与"地生人"的背景下，我们不难体会此处阿里斯托芬的用意：男女的结合可以是天然完满的一种体现，它不必然是异质性的结合，而可以是完整之"一"的融合。阿里斯托芬总是强调，无论是男人、女人还是阴阳人，"每一半都急切地欲求自己的另一半"（τὸ ἥμισυ τὸ αὐτοῦ），而且这两半是相同的双生体（συμπλεκόμενοι ἀλλήλοις）（191a）。这表明，此时的结合并不显示出任何差异，或者说，有差异的两者是不可能结合的。因而，阿里斯托芬在不断强调以起源为基础的"同一性"时说，"渴望和追求那完整之'一'，就是所谓的爱欲"（193a）。

由此，阿里斯托芬的世界中可以达到的"同一性"的范围大大扩大，它超越了城邦与政治的范畴，试图将所有人都纳入整全之中。这一修正显现了柏拉图不同于"高贵的谎言"对传统"地生人"所做出的另一努力：他在试图直接解决由神话进入现实之后，两性社会对"地生人"意识形态的冲击。于是，现实的两性在阿里斯托芬的叙述中仅仅是完整之"一"被分为"二"的后果，如果——如阿里斯托芬所言——可以回到分裂之前，那么两性社会本身就是一个完整而纯粹的共同体。这在根本上反转了男女对立的局面，是"地生人"可期望的更大的和谐。

我们看到，在描述恢复原初状态时，阿里斯托芬在上文提到的符片段落（191d）有意使用并重复了 σύμβολον（"结合"）一词：

ἕκαστος οὖν ἡμῶν ἐστιν ἀνθρώπου **σύμβολον**, ἅτε τετμημένος ὥσπερ αἱ ψῆτται, ἐξ ἑνὸς δύο: ζητεῖ δὴ ἀεὶ τὸ αὑτοῦ ἕκαστος **σύμβολον**.

这样，我们个个都只是人的一块符片（σύμβολον），因为我们像被一切为两片的比目鱼。所以人总是在寻求自己的另一片，那作为自身符片（σύμβολον）［的另一半］。

柏拉图向来对 σύμβολον 的使用十分谨慎[12]，因此这里两次强调此词显得十分与众不同。σύμβολον 从动词 συμβάλλω 派生出来，意为"放在一起""聚合"；"交换"；"猜测、解释"。这个词语，就其本身而言，就富有双重对立的含义，

----

[12] 事实上，柏拉图对 σύμβολον 一词运用的谨慎超过了我们的想象。在他的所有作品中，除去有真伪问题的《书简八》，我们在他的全部作品里只找到三处地方使用 σύμβολον。除了文中提到的《会饮篇》中的两处，再有就是《理想国》中的一处：2.371b8，该词作为商业往来的必要交换符号，出现在有关市场和钱币的谈论上。因而我们看到，除了谈论似哲学非哲学的爱若斯外，σύμβολον 这个词基本上在柏拉图的哲学里缺席，这不可能只是疏忽。事实上，柏拉图对 σύμβολον 的故意忽视正向我们说明其对"两者"结合的拒斥。而这一点无疑贯穿着整个柏拉图哲学。

一个为结合性的（前两个意思），一个为分裂性的（后两者，他们有关系，但并不结合，而且"猜测、解释"是一个极为对象性的表达）。文中所提到的符片，恰好富有这两者的意涵。[13] 木头、金属或陶片的符片被一分为二，分别由不同的人各持一片，作为一种信物，它既为一体又为两者，既远离又靠近，既分裂又融合，既区别又聚集。它的存在是同时以同一性与相异性作为基础的，按照柏拉图的说法，符片就是"同"的符号；换言之，这一符号是穿越了异的时间与空间，最终回到"同"的存在。符片式的结合，表明了对原本为"一"的修复。圆形"地生人"神话的全部要义就在于此，它体现的是爱若斯激起人们对归复整全与同一的渴望。这便是阿里斯托芬希望通过爱欲在现实的两性社会（亦即圆形人被分裂之后的社会）达成的目标。

不过，柏拉图迫使我们继续追问，阿里斯托芬版本的"地生人"真的成功了吗？当我们再细读他的颂辞时，或许会发现，此时的整全与起源时刻的"一"已经绝然不同了。拥缠的人为动作表明，半人们的 σύμβολον 仅仅是恢复自然"同一"本质的假象。如果要真正合到一起，只能饭也不吃、事也不做，最

---

[13] 刘小枫（2003）笺注本中，有如下解释：符片，σύμβολον，伯纳德特译作 token，Roew 本译作 tally，原意是"一个色子的一半"，即将一个东西劈作两半，两人各持一半用作无论情谊还是生意、政治方面的信物。恩培多克勒（Empedocles）已经有关于男女相互包含的说法（DK 31 B 63；亚里士多德，*De generatione animalium*，772b10）。Z 本注：中国古代以符为信，符可以用竹木和金属材料做成，一整体截成两半，两半相合无缝，才可以证明符是真的。古代希腊也有类似的器具。

后饥寒而死。如此追求整全的结果是悲剧性的。此时紧紧相拥的两个人已经失去了真正意义上的整全，他们无论如何相拥，也不能改变两个分离主体的性质，而且越是紧紧相拥，越是暴露出他们克服分离的无望——若真的为一，也无须相拥了。[14]

事实上，当阿里斯托芬向我们叙述诸神对即将灭绝的半人进行拯救时，他已经向我们承认了完整与"同一"不再可能。为了延续后代——无论后代是否还能保持种族的纯粹性——被切割的两者必须作为完全分离的个体而存在：世界上从此有了在生育上彼此需要的男人和女人，以及随之而来的所有独立的个体。当宙斯把人的生殖器移到前面，阿里斯托芬最终也不得不承认两性生殖作为存在者层面的必然结果。此时的爱欲与两性生育联系起来，阿里斯托芬对爱若斯力量——回到完整之"一"——的赞美宣告失败。即使赫菲斯托斯帮助两个半人融为一体（192e），这样的技术对于两个独立个体的分离也同样回天无力：作为后天的弥补，它已与爱若斯致力的同一性的"归复"天差地别了。正如马特（J.-F.Mattéi）所分析的："阿里斯托芬的讲辞里，象征理论之所以受到局限，正是由于'同'的过度表达。"[15]而这一进路显然将阿里斯托芬困于对爱欲的重复以及对同性恋强调

---

[14] 路德维西（2010）168 中指出："阿里斯托芬的讲辞中，爱欲的占有性如此突出，以致拥抱被界定成爱欲本身。不过完全占有，即把配偶融入自身之中，是不可能的（191a5—b5），除非有赫菲斯托斯的帮助（192c4—e9）。"

[15] 马特（2008）349。

的陷阱之中，最终陷于两性生殖的困境里不能自拔。

那么，影响如此深远的"地生人"神话就止步于此了吗？在爱欲的推动中"同一性"的困境究竟如何化解？阿里斯托芬讲辞的失败（或"地生人"神话的失败之处）成为《会饮篇》中的苏格拉底继续思考的起点。[16]柏拉图的哲学走上了会饮的舞台。

第俄提玛（Diotimas）的教诲　基于对阿里斯托芬对同一性探索的回应，苏格拉底采取了几乎完全不同的策略。这一策略的秘密或许就在于他对爱若斯 σύμβολον（结合）力量的不同解读。因为我们将看到，在整个苏格拉底的讲辞中，σύμβολον（结合）一词从未出现过，而这或许正是苏格拉底暗中给出的答案。

苏格拉底的演讲非常特别，他让一个女人——一个异乡的女祭司——给自己上了一课。这一安排不仅将苏格拉底作为论辩主导者的角色让位给了女人，而且这位哲人还成为了一名倾听者，成为所有在场的那些谈论、赞扬爱若斯的男人们的代表去接受一个女人的教导。

这位异乡女人在此出现当然是十分不合时宜的。我们还记得在《会饮篇》的开篇厄里刻希马库斯就已经提议把在场的唯一一位女性打发走："那么我进一步建议，让刚才进

---

〔16〕路德维西（2010）171："苏格拉底的批评仅是对他〔阿里斯托芬〕的补充而非颠覆。"

来的那个吹箫女走了算了；她可以吹给自己听，或者如果她乐意的话，也可以吹给这院里的女人听。"（176e6—8）厄里刻希马库斯的提议已经清晰地表明会饮这个纯男人的场合不欢迎女人的参与。同时，爱若斯这一特殊的论题更要求男人对女人的拒绝。打发吹箫女离开[17]，不仅意味着男人们的聚会规避了女人的情爱和温柔乡，而且标明男性与女性泾渭分明的界限——这是雅典城邦对同一性追求在行动上最为明显的表征。由于女人本就不该出现在会饮以及有可能谈论政治与哲学的场合，第俄提玛在《会饮篇》中的关键地位就十分值得读者的注意。那么，为什么苏格拉底会在他的讲辞中邀请这位异乡女人出场？她的出场又意味着什么呢？

第俄提玛的出现最直接的一个结果便是，她打破了整个会饮只有男人存在的情形。尽管只出现在言辞中，她的教导却深入整个宴会的交谈。她作为一个特殊而敏感的女人介入男人刻意营造的封闭环境，由此，男人间构建起来的同一性与封闭性被摧毁了。值得注意的是，在接下来的对话里，引导交谈的一方始终是这位女祭司，第俄提玛强势的领导无

---

[17] 值得一提的是，在柏拉图笔下，吹箫的艺人统统被理想的国家拒之门外，参见《理想国》399d—e，《法义》812c—813a。从古希腊的瓷瓶图上可以看到，吹箫女是吹箫的女奴。在会饮场合，要是有人喝醉了，这些女孩子更喜欢客人把自己当作性陪伴，而非唱歌的陪伴。打发吹箫女离开，除了比较《斐多篇》开头苏格拉底送走其妻；还可以参见色诺芬的《会饮》，在第2章、第9章中，吹箫女起着重要作用。这个细节尤其值得对观《普罗塔格拉》（Protagoras）347c—d。参见刘小枫（2003）176e译注。

疑对这个以男人为主的共同体产生了巨大的冲击，它甚至最大程度上质疑了之前男人们所赞美的爱若斯——须知，第俄提玛，一个女人，与男人谈论爱欲，这一举动挑战的正是男人们所崇尚的同性之爱。如此看来，第俄提玛的介入似乎并没有让苏格拉底的讲辞变得容易，反而为他本人设置了诸多障碍。不过，或许恰恰因为如此，苏格拉底的讲辞被赋予了真正的爱若斯之力：他明白，关于爱若斯，女人、两性以及他者的问题都不可能被回避，要真正理解爱欲，就只能直面困难，从困难处出发。这是为何，在苏格拉底的言辞中，对爱欲的论证将由第俄提玛与苏格拉底共同来完成。苏格拉底决心与最大的困难一同走上哲学对爱若斯的探求之路。

既然阿里斯托芬已经表明，经由分裂归复同一的"地生人"道路不可能成功，那么苏格拉底的论证就不得不另取其道了。我们注意到，苏格拉底一开始对第俄提玛的提问是："你是什么意思，第俄提玛，难道爱若斯还会是丑的、坏的？"（201e9）这个对爱若斯的负面评价立即显示出苏格拉底独具一格的起点。与之前所有赞美爱若斯的演讲者不同，苏格拉底并没有直接高歌爱若斯，反而将其置于一个被贬低的情形之中。由此，爱若斯被迫远离了纯粹与同一，也被迫远离了光辉与高尚。

难道苏格拉底真的认为爱若斯是不好的吗？从后文来看，事实并非如此，苏格拉底对爱若斯的赞美可谓登峰造极。但此时，苏格拉底坚持以对爱若斯的否定开始，或许恰恰是他的高明之处：对于苏格拉底而言，爱若斯最关键的一个特点乃是它随时与"差异"、与"他者"为伍，只有关注到远离真理的他者才可能真正理解爱若斯及其力量。阿里斯托芬的"反转"之所以失败，恰恰在于他误解了爱若斯的真正起点。当阿里斯托芬企图直接理解真理本身而忘记远离真理的他者时，爱若斯的真正存在也一并远离了他。

我们看到，第俄提玛讲述的爱若斯的起源神话清晰地显现了柏拉图对"差异"与"他者"的关注。与前面所有赞美极为不同，第俄提玛极尽所能地为爱若斯起源赋予差异性特征。根据第俄提玛，爱若斯不仅是女神与男神交合的产物，而且这女神与男神有着极为相反的本质。由此，爱若斯处于一个含混的地位：它可以游离于纯粹两极之间的广大空间之中，成为一个极为混合的产物。第俄提玛告诉苏格拉底，爱若斯诞生于阿弗洛狄忒（爱神）的生日筵席上。那个时候墨提斯的儿子珀若斯［Poros（丰盈）］[18]到场庆贺，而诸神宴饮之时，珀尼阿［Penia（贫乏）］前来行乞。出于自己的欠缺考虑，珀尼阿在珀若斯醉意萌发之际睡在了他身边，于是怀上了爱若斯（203b—c）。在珀尼阿与珀若斯的结合下，爱若斯生来就十分奇怪：他同时具有珀若斯与珀尼阿各自的天性。第俄提玛描述道："他［的天性］既非不死的那类，也不是会死的那类……爱若斯既不贫又不富，毋宁说

---

〔18〕πόρος 原意为"出路"，其词源与动词"忽然看到、听到、感觉到"（πείνειν）有关，其对应的词为"困境""困惑"（ἀπορία）。在这一点上，πόρος 就已经带有混合的意味。需要注意的是，引申义"丰盈"绝不等同于纯粹与完整。

总处于有智慧与不明事理之间……智慧算最美的东西之一，爱若斯就是对美的爱欲（ἔρος περί τὸ καλόν），所以爱若斯必定是爱智慧的，爱智慧的就处于有智慧与不明事理之间。"（203e—204b5）与阿里斯托芬追求纯一与完整的爱若斯相比，第俄提玛的爱若斯似乎从来不要求达到绝对的纯一，而是成为神和人之间、智慧和无知之间的过渡（πόρος）。爱若斯的混杂性表明，作为存在本身的中介（μεταξύ），它本就不纯一，但正因为其混合的特征，它可以在纯粹两极间的广阔领域里游走变化，将中间之物带向纯粹。

在整个爱若斯的起源故事中，最值得玩味的恐怕还是爱神阿弗洛狄忒的生日宴背景——我们还记得在苏格拉底的版本中，爱若斯是在"阿弗洛狄忒的生日那天投的胎"（203c）。将爱神与爱若斯相关联显然并非出于偶然。可以说没有阿弗洛狄忒的生日宴，也就没有爱若斯的出现。因此，爱若斯这个男神与女神的产物，首先与阿弗洛狄忒发生了关联。阿弗洛狄忒作为爱若斯诞生的背景十分值得理解，因为她正是两性爱欲极度膨胀的产物。根据赫西俄德，阿弗洛狄忒是天神乌兰诺斯的阴茎掉进海里变成的女神，而乌兰诺斯之所以被阉割，恰恰是由于他对大地盖亚无休止的爱欲。[19]乌兰诺斯总与盖亚做爱，于是盖亚生出许多孩子。但乌兰诺斯害怕这些爱欲的产物挑战他的权威，因此极力阻止孩子们的诞生——尽管他仍然毫无节制地与盖亚交合。盖亚不堪乌

---

〔19〕赫西俄德，《神谱》133—210。

兰诺斯暴烈的情欲以及他对孩子的暴行，于是与儿子克诺洛斯设计报复乌兰诺斯，而报复的方式正是使其欲而不得：阉割掉乌兰诺斯的阴茎。由此，阿弗洛狄忒的诞生极具男女情欲的意味，她成为爱神也理所当然了。而爱若斯在阿弗洛狄忒诞生的纪念日诞生，这无疑强化了爱若斯与两性、情欲的紧密关联。无论它促使的是何者对何者的欲求，爱若斯总是将一方引向另一方的力量。

第俄提玛向苏格拉底总结道："这命神［爱若斯］的天性就是如此，亲爱的苏格拉底。你原来以为的爱若斯完全不同，不足为怪。正如我从你自己说的话来看，你肯定以为，爱若斯是被爱的，而非爱欲者（ἐρῶν）。所以，依我看，对于你来说，爱若斯简直绝美。值得欲爱的其实是真正的美、轻柔、完满、有福气。但是，爱者却完全是另外一个样子。"（204c）第俄提玛纠正了苏格拉底（以及他所代表的那些为"纯一性"做出不懈努力的人）先前的观念：爱若斯绝不是完美与纯一的终结，而是向它追求的过程。换言之，对于爱欲而言，它不是对纯粹性维持一个固有静止的姿态，而是对其趋近的持续的追求。

在这一点上，我们看到苏格拉底对阿里斯托芬同一性问题的修正。虽然两者最终的目的都是要回到起源的同一性问题上来，他们却选择了不同的道路。对于苏格拉底而言，既然同一性必然会面对与之不同的他者，那么他者所带来的差异就不能被毫无理由地忽略掉。只有承认并且直面这一差异，才有可能使同一性的问题在本质上得到解决。因而，苏格拉底基于阿里斯托芬失败的经验重新起航的前提，乃在于对他者与差异性的承认，并以此在自我与他者的距离中不断地反省与追求自我本质的纯一性。他以最明显的方式提醒我们这一点：将异乡女人第俄提玛引入会饮无异于宣称，哲学家苏格拉底对相异的他者的在场有着足够清醒的认识。正因如此，苏格拉底不仅刻意与第俄提玛这个他者对话，而且在他对爱若斯的追问中，也将爱若斯本身内在的两分性以及它所隐含的自我与他者的区分［爱欲者（ἐρῶν）所表明的必然有一个爱欲的本我与对象］向我们呈现出来。

那么，自我与他者的区分如何帮助柏拉图解决起源的同一性问题？或者说，如何才能在自我与他者的冲突中回到同一性起源的精神上来？不要忘记，阿里斯托芬正是在这个问题上栽了跟头。被切作两半后的圆形人紧紧相拥，不再愿意分开；然而因为他们既无法再通过大地生育后代，又无法自身繁衍后代，所以相继死去。于是，对于同一性追求的妥协只能是宙斯将他们的生殖器移到前面，男女交配以繁衍后代。然而，一旦承认了两性生育，那么也就意味着承认了阿里斯托芬最初愿望的失败。阿里斯托芬在讲述这一故事的时候，显然不愿承认存在着自我与他者区别的两性生育，于是他在后来又同前面的演讲者一样，回到对男同性恋的高度颂扬，以此弥补两性生育所带来的同一性的缺失（191e—192d）。然而，这并没有从根本上消除他的失败，只是将这一问题悬置起来。

第俄提玛告诉苏格拉底，不要惧怕两性结合的生育，因为那是爱欲的本能——正如阿里斯托芬向我们呈现的那样——这一本能就是追求不死、追求不变乃至追求同一。她说："到了一定的年龄，人们自然本性便产生要生育的愿望……男人和女人交合就是生育。[20] 受孕生育是神圣的，是会死的生命中不死［的方面］。"（206c）生育是为了追求生命的延续，在这方面，苏格拉底与阿里斯托芬持有相同的观点。

然而，苏格拉底在第俄提玛的讲辞中提醒我们，虽然都是通过"生育"追求不死、永恒与同一，但不同的追求却导致不同的结果。第俄提玛向苏格拉底展现了三种追求永恒的方式，其中有对同一性追求的失败，也有对同一性追求的最终成功。第俄提玛认为第一种生育是最为自然的普通人的两性生育，他们将生育视为个人生命的延续，这是一种动物式的持存方式。不过，第俄提玛说，尽管"一说起每一个个体生命，人们都会把［人的］一生看作一成不变的（εἶναι τὸ αὐτο）"，然而随着年岁的增大，"他根本就不再是同一个自己"（207d）。因而即使采取以生育后代来延续生命这一方式，也不能保证其"同一"的生命得到了永恒的延续。（这或许还可以解释，为何男女的生育在追求"同一与纯粹"精神的古希腊人那里会如此不受褒扬。）而第二种生育，即以德行与荣誉的流芳百世来保存个体生命的延续，如荷马史诗

---

［20］这里的"生育"一词，柏拉图既自然又大方地采用了表示人类两性繁殖的词语：τίκνειν。

中的英雄们所追求的那样。名誉虽然是一种看似很适当的持存方式——它永不会变——但它仍然面临一个巨大的问题，即人的名誉毕竟不等同于整全的人。即便名誉得到了永存，个体本身并没有得到"一成不变的"（εἶναι τὸ αὐτο）延续。于是此时，第俄提玛提出了第三种生育："凭借灵魂来生育和传宗接代。"（209a）

我们接下来自然会问：灵魂和什么结合使人得以延续、使永恒得以持存？第俄提玛告诉我们，这个神秘的对象乃是"美本身"（209b—210d）。这似乎是一个让人有些诧异的答案：难道灵魂和美本身相结合，就可以达致永恒，并且解决阿里斯托芬在同一性问题追求上的失败吗？第俄提玛为困惑中的苏格拉底呈现了探究这一问题的路径：

> 凭灵魂生育，就是凭睿哲和其他美德（209a）……凡想循正道达到这一目的的人，从小就得开始向往美的身体……随后他就得领悟到，美在这一身体或那一身体中其实是相同的（ἀδελφόν），也就是说，他该追寻形相上的美（τὸ ἐπ' εἴδει καλόν）……从而看到［美］在处处都是贯通的。……经过这些操持，这有情人就得被引领到各种知识跟前，使他得以看到种种知识的美……他会在知识不可限量的热爱中（ἐν φιλοσοφίᾳ ἀφθόνῳ）孕育出许多美好的言辞、大气的思想，使得自身不断坚实、圆满。……这美是永在的东西，不生不灭、不增不减……毋宁说，这东西自体自根、自

存自在，永恒地与自身唯一，所有别的美的东西都只不过以某种方式分有其美；美的东西生生灭灭，美本身却始终如是，丝毫不会因之有所损益。(《会饮篇》209a—211b5)

由此，第俄提玛带领苏格拉底经历了三次对美本身追求的转折：从对个体性美的身体出发，经过对纯粹形相上美的渴望看到种种知识的美，最终到追求美本身（εἶδος）。这是一个不断由形而下上升到形而上的过程。在此过程中，第俄提玛希望我们明白的是，只有最终上升到灵魂对美本身的追求，才可能实现灵魂自身的永恒性持存。原因不仅在于《斐多篇》中论及的灵魂本身是不死的[21]；而且更重要的是，美本身（亦即美的本质，εἶδος，相）乃是永恒不变的东西。在与这一永恒之美的交合中，灵魂才可能得以分享美的永恒，以达致最终的不生不灭不变的存在状态。也只有在这一过程中，灵魂对永恒的追求才可能超越个人的时空限度，进入非时间性与非空间性的永恒的、同一的维度。

在这里，我们看到了先前阿里斯托芬所希望成就而不得的同一性。εἶδος 将爱若斯的追求引向起源的同一。正是由于 εἶδος 不变不灭的性质，它才可能允许所有时空中的追求者向其靠近，并最终越过时空的界限，分享其不灭不变的永恒性。无论生于何时何地，人的灵魂都可以通过这一永恒

---

[21] 柏拉图，《斐多篇》106a 以下。

不变的中介追溯到其最源头之处，而这一源头无疑与追溯者灵魂的最本质形式同一。

在这一系列的论证中，苏格拉底在最原初的问题上，化解了阿里斯托芬面临的同一性困境。他与前面所有的演讲者不同，在对待赞颂爱若斯必然会引起的两性对立及其衍生出的对象性问题时，并没有采取回避的态度——尽管他也在同一性问题上首先承认男童恋是爱美的第一步——而是直面它们，并且将他者变成了自我的一部分。灵魂通过爱若斯的引导，所追求的并非一个绝对的、分离的、与之毫不相关的对象，而是更高也更完美的自我的本质；这个本质对象成为本我最原初、最完整也最永恒的存在；而个体灵魂在对这个本质的不断追求与靠近中得以分享历史性的永恒与同一。这一超出时间与空间范畴的追求，最终为爱若斯赢得了喝彩：作为一种纯粹的自我生长，"灵魂之爱"将爱的对象既内化为自我的一部分又外化为普遍而唯一的本质；"灵魂的生育"促使个体超越它本身，而进入那个可以永续不断地存在的时空之中。与此同时，对象性与他者的问题同样以这种内化的方式得到了解决。

此时的图景看上去像极了雅典传统"地生人"神话中通过"永恒的大地"所希求的"同一性"：无论是美的本质还是祖国大地，它们都历经时间，却可以永恒不变，稳定不移——而最终，两者都成为非时间、非空间的表征。而无论是追求美本身的灵魂还是"地生人"中的人，他们都不再是历史中的个体，而成为一种范畴性的概念，这一概念发展到最终的结果是：两者都成为一种本质性的永恒存在；而在现实中成为诸种个体最本质与最原初的相（εἶδος）。

那么，这是否意味着苏格拉底的"灵魂之爱"回到了传统"地生人"的思路，是早已有之的"大地之爱"的一个变形呢？事实上并非如此。苏格拉底的"灵魂之爱"与传统"地生人"最大的不同乃在于两者对差异与他者的处理。尽管两者都找到了维持"同一性"的载体，但"地生人"在延续"同一性"的努力上面临巨大的挑战：无论是对于神话中的还是对于民主政治中的"地生人"而言，内在同一性的保持必然需要一个外在的他者作为支持；而一旦这个他者式微，自我同一性的保持与延续也将失去最大的动力。雅典的大地永远有着实体的边界，柏拉图的苏格拉底显然意识到了这一点，因而他在处理"同一性"问题时特别注意自我与他者的差异所带来的张力。在此，他试图跳出"地生人"的大地悖论，而在纯一——自我——他者——混杂之间找到存在的平衡。特别在处理自我——他者的问题时，柏拉图通过爱若斯巧妙地将他者融入了自我的体系：在自身中——而非两个对立的个体间——存在一个不可分离但又有动态张力的自我。由此，自我与他者的问题被消解了：柏拉图的"灵魂之爱"无边无界。

这正像爱若斯的本质特性。第俄提玛告诉苏格拉底，爱若斯"为自己源源不断地赢得，又源源不断地流走"（203e5），这是其处于中介性位置才具有的动力。因而，虽然是不断地接近纯粹的本质，但是这一本质实际上又不可能完全达到。柏拉图的苏格拉底自然是明白这一点的，因而他才会将自己与他从事的事情称为无知者的爱智（φιλο-σοφία），并承认"只有神才是真正智慧的,人的智慧价值不大,甚至毫无价值"。[22]他明白,在肉体有限性的束缚下,人不可能达到对整全本质的彻底认识;他也明白,即便是他,这位对神之智慧最通达者,也永远不可能达到真理的整全。他能做的,只是在辩证法的对话中对真理不断地逼近以显现真理。而我们明白这一显现只是瞬间的,在话语时间性的展开与闭合中,它在绽出瞬间之后又隐没了——而其隐没本身,才能向我们呈现出真理的真正整全。

在对真理的不断追求与靠近中,哲学与哲学家总在现实世界走向真理世界的旅途中。哲学家此时像极了爱若斯,他"居无定所,总是随便躺在地上,睡在人家门阶上或干脆露天睡在路边"(203d)。我们发现,苏格拉底赞美爱若斯,到头来成了赞美哲学以及哲学家。他们在对本质与真理的追求中,以对观的方式保护着哲学与哲学家的生命。这是苏格拉底引进第俄提玛的原因。第俄提玛不仅在表面上取代了苏格拉底往常的主导者身份,而且她本质上就是苏格拉底——或者,更应该倒过来说:苏格拉底本质上就是第俄提玛,这个异乡女人。苏格拉底明白,要在哲学的道路上行走,就必然会成为一个异乡的他者:无论对此岸的世俗世界而言,还是对彼岸的真理世界而言。唯独此,哲学以及哲学家才能生存——更重要的,真理,才能在人世持存。

---

〔22〕柏拉图,《申辩篇》22d—23a。

阅读整篇《会饮篇》，从这些"地生人"后代们的讲辞中，我们看到了一个明显的层次与递进。斐德若与厄里刻希马库斯谈论的爱欲，在很大程度上将同性之爱，尤其是男同性恋推上最为高尚的爱欲。在"地生人"的雅典民主政治中，正是这一思想支持着民主制度与雅典城邦的运行。阿里斯托芬看到了他们赞颂爱欲中的缺漏，这正是他后来意欲修正的地方，即同一性的起源问题；然而阿里斯托芬的诗人神话在同一性延续的持存上失败了，究其原因乃在于他——甚至之前的斐德若与厄里刻希马库斯——对自我与他者这一界限的暴力性破坏。而苏格拉底对于这一静态的"地生人"最终进行了哲学式的修正，他试图证明，只有在自我与他者的动态张力中才可能保持"地生人"所期待的永恒活力。

不过，即便哲学的生命在本体内的异乡与本乡的张力中延续了下来，柏拉图对"地生人"神话与政治的反思也不能得到完满的解答。同样纠缠于"同一性"问题的柏拉图，事实上还是只能以妥协的方式为"同一性"找到暂时的栖居，这一妥协便是灵魂与身体的分离。无论在《斐多篇》还是在《会饮篇》里，恰恰是灵魂离开身体才为灵魂不断追求永恒的"同一"提供了基础。换言之，虽然在纯粹哲学的建构中"同一性"的追求被保持了下来，但到头来柏拉图也没能走出"纯一性"的悖论，而最终回避了与灵魂相对的"他者"——物质与身体。或许，对于"纯一性"本身而言，无论是神话的、政治的还是哲学的，它仅仅只是一个不能整全却又必须存在的"高贵的谎言"。

结　语

　　Αὐτόχθων 作为一个起源概念，在古希腊的特定历史中，为现世与后世都留下了十分重要的影响。从厄里克托尼俄斯与潘多拉的诞生神话，到雅典民主的葬礼演说，甚至一直到柏拉图哲学，古希腊世界的各个方面都充斥着"地生人"这一概念所引发的论题与思考。尽管"地生人"的叙事在古希腊世界并不仅仅为雅典所有，但是这个神话故事及其背后所蕴含的极为深广的意涵却是在雅典这片繁茂的土地上获得了前所未有的生命力。它从起源出发，面向整个社会生命，探索了诸多根本而关键的问题：社会秩序如何形成？政治秩序如何建立？社会与政治的关系是什么？两性如何影响社会运行？两性的本质乃至人类的本质是什么？这些问题在"地生人"关于大地起源的叙事中一再被追问，并不断被思考。

　　对于民主时期的雅典与雅典人而言，一个最为纠缠、困扰他们的重大问题——也是上述所有问题的根源——便是如何能够在一个多样性的、充满冲突的世界中确保"纯一性"与"同一性"。这个问题当然并不由雅典人所发明。早在古风时期，诗人荷马与赫西俄德便已经对此做出了深刻的探讨。无论是荷马史诗中关于人类战争的描述，还是赫西俄德的起源神话中关于诸神之战的叙事，它们都不约而同显示出对冲突、矛盾、纷争等问题的强烈关注。而与冲突、矛盾、纷争相对的，则是对秩序的建立、恢复与回归——于是我们看到，奥德修斯最终回乡恢复了他的家庭秩序，而宙斯在前两代神激烈打斗之后建立了他的统治秩序。无论是人类的秩序还是诸神的秩序，最终都指向某种和谐与同一。

来到古典时期，雅典对社会"纯一性"与"同一性"的追求显得更为急迫。我们在前文中反复提到，民主雅典时期是一个连年征战的时期——雅典几乎没有不打仗的年份，更没有连续两年可以保持和平之日——因此，在战争这个社会极端分裂、富于冲突的境况下，一个共同体内部的统一、团结与同一成为它得以一致对外、对抗冲突的有力保障。因此，越是处于战争状态，越需要保持内部秩序；越是强大，越需要稳定。这或许可以部分解释为何"地生人"神话在雅典如此繁盛，并与其政治制度、社会秩序以及意识形态紧密结合在一起。

我们没有确切的资料可以说明在哪个年份雅典的"地生人"神话开始兴起，或在什么时候由哪位作家开始讲述。但有一点是确定的，那便是，这个神话是一个时代的产物。它的兴盛不早于古典时期，而它的没落则是在雅典帝国主义衰落之时。因此，"地生人"神话可谓是古典时期的雅典尤其民主雅典的独特现象。在书写社会尚未形成的雅典，"地生人"神话的传播自然以口头为主，它在不同的环境中被不同的作者讲述，被不同身份的观众所听取。或许恰恰是这个口头叙事的传统为"地生人"神话的流行提供了最为适宜的土壤：它允许不同演讲者在每一次的讲述中修改某些细节或情节，以更加适应时代与潮流，也同时允许这种修改以更为活跃的方式保存下来。于是，逐渐地，"地生人"的话语体系越来越丰富，也越来越切合时代的风貌与思想，其叙事也越来越受到当时社会的欢迎与认同。正如许多学者所认为的，这个政治起源神话的确与雅典的民主政治、民主意识形态完美地契合，而这种契合，在笔者看来，与"地生人"神话的叙事与流传方式不无相关。

但同时，值得注意的是，尽管雅典的"地生人"神话与彼时的政治环境高度契合，但它并非仅仅被接受为雅典民主意识形态的强化性表达，而是在渗透进文学、哲学与宗教等各个方面的同时，也促使着这些领域发起对它的反思与挑战。在本书的悲剧与哲学部分，我们看到，思想家打破了这个政治神话被一味赞扬与跟随的局面，它使得"地生人"下到低处，接受文学与哲学的质疑。文学与哲学反问："地生人"所诉诸的"同一性"与"纯一性"真的可行吗？它所追求的"同一性"与"纯一性"又究竟意味着什么？尽管这些质疑之声比起大众的赞扬与追随完全是少数人的思想游戏，但我们在这些反思的回响中看到了"地生人"神话本身所具有的力量：它不仅仅是某种成形的话语，而是话语本身，是话语的场所，向着所有探索与可能性开放。

因此，这是为何，尽管"地生人"作为雅典政治起源神话，其叙事在公元前 4 世纪之后越来越势弱，但希腊乃至整个世界对于"同一性"的追求与探索一直留存下来，甚至延续到我们当今的时代。无论在文学、哲学还是宗教领域，"地生人"所引发的根本讨论从未停止。可以说，"地生人"神话带给我们的绝不仅仅是对起源问题的思考，而是，"起源问题"作为起点为我们打开了更为宽阔的思考路径，这一思考涉及古代与现代、自我与他者、政治与哲学乃至生存与死亡。

在如此宽广的道路中，本书所讨论的"地生人"问题仅仅是现有的以及潜在的研究中的冰山一角。作为古希腊世界乃至后代西方古典学研究的一个重要议题，"地生人"的生命当然远比这本小书所呈现的丰富许多。正如上文所言，它所蕴含的问题已经引发了诸多学者乃至诸多学科的关注，而这种关注至今仍生生不息。因此，作为对雅典"地生人"神话及其研究的初步探索，本书希望能在将西方主流研究引介入中国学界的同时，抛砖引玉，对这一研究议题做出初步的探讨，以此期待更多学者与读者参与到这一重要问题的讨论中来。

附 录

雅典城邦的形成

　　作者按：本节是"地生人"研究中"政治"部分的补充材料，它是对雅典城邦政治讨论的一个扩充。通过描述希腊雅典从"前城邦"时代发展到"城邦政治"时代的变化，向读者说明，正是雅典城邦的民主制为雅典"地生人"神话这一城邦政治意识形态提供了现实的基础。

　　亚里士多德在其著作《政治学》的开头便谈道，我们有必要将一个共同体拆分为最小的单元，以便了解各个单元不同的特征。最小的组合单位便是家庭。由于男女同主奴两种关系的结合，首先就组成了家庭（oikos），于是家庭便成为人类满足日常生活而建立的基本的形式。[1]构成家庭的三大要素是男人、女人与奴隶[2]，为了使家庭延续下去，这里又加入了第四个要素，即孩子。对于亚里士多德而言，城邦与家庭是整体与部分的关系，城邦本质上包含着许多

---

〔1〕 亚里士多德，《政治学》I. 1.3—6（1252a—b）。

〔2〕 奴隶的定义需要我们予以关注。奴隶是由人管理与支配以获得生存保障的身份。亚里士多德认为，对于赫西俄德而言，他是 plough-ox（穷苦家庭中的仆人）；对于政治人（即城邦 polis 中的人）而言，他是 slave（奴隶）。《政治学》I. 1.4。

家庭。城邦的形成是家庭聚集而逐渐建立起共同利益团体的自然过程，它最开始源于个人与家庭对生存、生活的需求，而城邦的建立则带来了人际交往方式的全新蜕变。按照亚里士多德城邦自然发展的理论，城邦的出现对家庭和个人生活方式的发展都有着极为重要的影响，换言之，在"城邦"这一概念出现的前后，家庭的活动也有着完全不同的处境。我们可以通过对比这一前一后非常不同的家庭与城邦的关系，来理解民主制度中的个人、家庭及城邦特征。

一　前城邦社会的家庭

古希腊思想中，城邦出现之前，有着一个光辉熠熠的英雄社会，古典时期的希腊人相信这就是他们祖先的社会；它被记录在荷马史诗里。[3]这个社会与后来公元前5—前4世纪的民主社会有着截然不同的特征，说得极端一些，两者在家庭与城邦关系的处理上几乎完全相反。从荷马社会发展到民主社会，是一个有趣的过程，在这一过程中，不仅社会有着剧烈的变迁，政治、文化、历史也都朝着几乎完全不同的方向发展。

---

〔3〕 荷马社会在考古学上的争论，本文暂不涉及。本部分的讨论假定：荷马史诗描绘了一个活生生的社会，古典时期的希腊人在文化层面上相信这就是他们祖先的社会；而这个社会有着既定的价值观念与习俗，它们都影响着家庭及其财产的分配与实践。我们可以将荷马所描绘的家庭理解为在《奥德赛》之内，而在《伊利亚特》之外。关于荷马社会研究，参见 Finley（1991），Lacey（1968）。

我们在荷马史诗的社会中看到，英雄的希望、报复、欲望与恐惧都集中在他们的家族上。当奥德修斯（Odysseus）感谢阿尔喀诺俄斯（Alcinous）对他的款待，并感谢他为他安排回家之行时，他说的是："当我抵达家园，愿我见到我美好的妻子和亲人们都福寿安康。也愿你们在座的诸位能为你们美好的妻子与孩子们带来欢乐。"[4]同样，在帕里斯（Paris）与墨涅拉奥斯（Menelaus）决斗订约时，他们的誓言中也牵扯了家庭的话题，此时两军发誓："两军之一要是谁先破坏盟誓，愿他们和他们的全体孩子的脑浆如同这些酒流在地上，妻子受到奴役。"[5]因此，无论是对生的祝福还是对死的诅咒，这个社会的关注点无一不以宗族家庭为中心。

对于荷马世界中的英雄而言，死亡并不是那么可怕的事情，尤其是死于荣誉。[6]这一荣誉来自战争中的英勇。英雄们去打仗，目的是为家族、为自身赢得荣誉，[7]他们这样

----

[4] 荷马，《奥德赛》13.42—46。中译文参考王焕生（2000）译本。

[5] 荷马，《伊利亚特》3：299—301。以上两个例子参考 Lacey（1968）33中的叙述。

[6] Lacey（1968）34.

[7] 需要注意的是，荷马史诗中，英雄的战斗首先不是为其生活的城市，而是为了家庭与个人。他们为荣誉而战（这荣誉当然包括生时人们对他的敬仰与获得大量的礼物，也包括死后人们对他的纪念及其家族的荣耀）。特别在《伊利亚特》中，这一主题表现得十分突出："我到这里来参加战斗，并不是因为特洛伊枪兵得罪了我……是为了墨涅拉奥斯和你……你竟威胁我，要抢走我的荣誉礼物。"[《伊利亚特》1：150—162，译文参考罗念生（2004）]。阿基琉斯之怒也源于此。因此，这里，家庭与城邦是分离的，为家庭绝不等于为城邦。

做维护的是整个家族传承下来的荣耀——这是为何他们提到自己时，常常提到父辈甚至祖先。[8]而在战争年代，当一位英雄战死时，葬礼往往由他的家人主持，他的妻子、母亲、儿子和父亲都会参加，因为他的死亡或是为了家庭的荣誉，或是为了家庭的安全。所有政治的基础奠定在家族之上。因而，英雄所有的行动牵涉的首先是家族的兴衰。

在这样的社会中，人与人之间的关系都建立在以家庭与宗族为基础的媒介上。它不仅体现在战争以及参战的原因中，如"阿伽门农为什么把军队集中带来这里？难道不是为了美发的海伦的缘故？"[9]（参加特洛伊战争与村社一类集体没有直接的联系），还体现在英雄之间的救济以及礼物的互赠上，如《奥德赛》第四卷中描述的墨涅拉奥斯对特勒马科斯的帮助（它源于墨涅拉奥斯与特勒马科斯的父亲奥德修斯的友情）。这里的家庭或家族，表示的是一个具有血缘联系的大共同体，这个共同体足够大，可以保持家族的经济基本上自给自足，以至于财产在家族中流通、使用与再生，而不需要与外界进行太多必需品的交换，除非是礼仪性质的。

因而，正如芬利（M. I. Finley）所言，在荷马的世界中，阶级、亲族与家庭（οἶκος）是可以定义个人生命的三个要素，

---

[8] 例如，狄奥莫德斯（Diomedes）在《伊利亚特》中以自己名字出现，有87次，以"son of Tydeus"出现有98次之多。而格劳克斯（Galucus）将他的世系追溯到5辈之前，埃涅阿斯（Aeneas）追溯到7辈。

[9] 荷马，《伊利亚特》9：938—940。

它们有所区别、重合并相互牵涉。[10] 这里还有第四个要素，集会（ἀγόρα）。[11] 它作为公共活动，促进个人走出家庭参与家庭外的政治生活。然而这时的集会与城邦时期的广场大会有着根本的区别。在《伊利亚特》中，集会一共出现了 5 次，[12] 贵族英雄们在集会上发表各自的意见，但最终仍由国王决定结果。而在《奥德赛》中，那些求婚者们聚在一起，但他们完全是为了求婚这一桩私事。荷马的社会中，一个稳定的社会共同体是由许多家庭与亲族组成的，换言之，几个大家族在一定程度上有着共事的实体联系，为了达成一个更有力的联合，可以放弃一定的家庭内的自治权。[13] 但这并不意味着民主式的政治结构已经形成，因为这种集会仍以家庭为中心。私事仍然归于独个家庭的权威，公共事务则由各家首长分别决定，再一起合议。需要注意的是，诗人很清楚地指出，集会是贵族的聚会，因此，他从未用过"民主"或"多数"这样的字眼。然而，无论怎样讨论，国王有权力单独做出决定，不需要与任何人商议。因此，一个集会仅仅是给国王提供了一个机会，可以了解公众贵族的意见。可以说，在荷马时代，集会并不完全是公共民主参与的形式，甚至并非一个必要的生活方式，

---

[10] Finley（1991）78.

[11] "集会"是 ἀγόρα 最原初的意思，它既是聚会的地方，也是聚会本身。而现代人一般认为，是与 ἀγόρα 相关的市场（market-place），这一含义实际上起源很晚，在荷马史诗中并无此迹象。参见 Finley（1991）78.

[12] 荷马，《伊利亚特》1：50，2：50，7：382，9：9，19：40。

[13] Finley（1991）79.

而仅仅是贵族们参与公共生活的有益补充。当我们对比民主制度下的集会时，将会发现两者有着多么大的差异。

荷马所描绘的前城邦社会图景是一个自给自足、以家庭为基础的单位联合，这些家庭对自己负责，也依靠他们自己来确保人身与财产安全。这样的社会是一个父权等级社会，由贵族中的男人们对各个家庭所组成的共同体进行统治。而社会中的个人，其身份首先来自他的祖先以及后代，最终是由他的英勇与守卫其财富的能力确认的。英雄们的战斗首先以保护家庭财产与挣得荣誉为目的，社会并不要求他首先对共同体有所付出。因而，这时候，家庭与城市基本没有任何直接的责任关系，人们以家庭为单位自治，城邦尚未成熟。

二　城邦的演进与家庭的变化[14]

亚里士多德认为，城邦（πόλις）的成熟是一种自然的演进；为了更多生活的需要，若干家庭联合起来。[15]就成因而言，城邦常常在需要军事防卫的地方快速地联合起众多家庭，形成其雏形。在城邦化的过程中，由于联合的需求，家庭（οἶκος）在其独立于宗族的基础上，成为城邦的组成单

[14] 本小节的讨论主要集中在雅典这个与本书主题直接相关的城邦。不过读者须知，在古典时期，除了民主制以外，还存在着寡头制、僭主制等各个政体。在从前城邦时代转入城邦时代时，不同城邦所经历的历史有很大差别。

[15]《政治学》Ⅰ.1.15—30。

元。之前家庭的土地，是家庭财产的一部分；而城邦化的结果则是，个人开始拥有土地：他在城邦中可以宣称他有权作为个人——作为城邦的一分子——去处理这片土地。不仅仅是土地，家庭的整个财产也与宗族独立开来，最典型的标志就是孩子可以因还债等原因被家中掌权者（通常是父亲）卖掉。家庭经济的独立促成了城邦里家庭之间的经济交往，这为之后城邦政治的形成奠定了必要的基础。共同的联合，产生了共同的契约，最终形成了法律。雅典最早成文编纂的法律，被人们认为是梭伦（Solon）在公元前594年所制定。恰恰是城邦的法律[16]，将家庭（οἶκος）从其亲族（γένος）中解放出来，甚至将个人从家庭中解放出来。因为公共法律的实施，城邦此时承担起了对罪行与正义的审判（这原本是家庭职责）。在军事方面，虽然传统的贵族武士们（ἱππεύς）仍然骑马打仗，然而在公元前7—前6世纪，却出现了常见的步兵，家庭族徽也出现在战士的盾牌上。[17]荷马式的对个人的英雄崇拜往往促使人们在英雄死后大为铺张地为其举行葬礼，而雅典的梭伦、卡戎达斯，还有其他一些立法者都反对这样盛大奢靡的葬礼。[18]这意味着公共法律已经渗透进"死亡"——这一极度私人的领域。在公元前5—前4世

---

〔16〕柏拉图，《法义篇》679a以下。对比亚里士多德，《政治学》1.1.9—12
　　（1253a）关于城邦法律的出现。

〔17〕关于族徽在盾牌上的出现，学界历来有很多讨论，参见 Burn（1960）53
　　及其书目。

〔18〕普鲁塔克，《希腊名人传》XXI.4《梭伦传》(Solon)，XLIV.24卡戎达斯。

纪，葬礼则直接成为公共事务，不再是家庭内的事。随着葬礼的公共化，雅典城邦的民主制度达到了顶点。[19]

我们看到，对于古希腊的男人而言，在城邦发展的过程中，公共生活逐渐向他们各个方面渗透，而他们也逐渐从家庭的束缚中走向城邦，成为独立的个体，组成平等的联合共同体。这一切开启了城邦民主的进程。相比于荷马的英雄社会，这是一个极大的反转：家庭或家族，不再是最高层面的集合体，个人在城邦的整合中成为独立的公民。这时的家庭概念发生了根本性的转变，它不再以大家族为单位基础，个人的家庭开始作为一个整体单元代替宗族，成为城邦的组成部分。公元前 508 年，克里斯提尼（Cleisthenes）改革有效地结束了旧贵族家族对公民身份的控制[20]，这意味着社会结构的基础从贵族的宗族中解放出来，而将权力放诸平等的个人以及个人所代表的小家庭。他的改革真正将雅典变为了民主城邦，城邦内的所有雅典家庭成为民主制度建立的基础。由此，城邦制度从贵族制转向民主制。在改革之后，克里斯提尼建立了新的部落地址，"混合所有人"。村社（δῆμος）与族盟（φράτρα）转变为政治结构的基本单位，这就将整个城邦主体重新分配在新的组群中，这些基本单位以家庭而非亲族或宗族为基础，而家庭属于村社与族盟这两个更大的组织，不再在实质上与宗族相关。这两个单位

---

[19] 见本书第二章第一节。

[20] 关于克里斯提尼改革，参见 Lacey（1968）第四章，尤其第 84—93 页。

与 γένος（以宗族家庭为基础）最大的区别在于，村社以地域划分为基础，而族盟的成员则是战友或邻居的子女相互成婚而结成的家族。无论是村社还是族盟，它们都不再有直接的血缘关联，但两者成员的联系都建立在土地联系的基础上[21]，这就在根本上将个人与家庭从宗族中解放出来。

家庭向城邦而非宗族寻求人身与财产的保护，反过来，家庭也对城邦负有更多责任。家庭的完整支持着城邦繁盛的公民—士兵主体。最终作为家庭财产（特别是占有土地）权力的仲裁者，城邦对家庭做出了要求：第一，家庭需要提供共同体的护卫者，护卫者既包括士兵也包括统治者——并且同样重要的是——家庭要提供下一代的公民与士兵。[22]伯里克利甚至在公元前430年的演说中告诉那些战死士兵的父母，他们有责任养育新的孩子来弥补失去的公民。[23]第二，家庭需要共同支撑城邦的经济基础。特别在战时，家庭开始向城邦交税——这时城邦中开始出现雇佣兵。因此，城邦非常注意防止家庭出现财产损失，因为家庭的经济直接影响城邦的经济。这些公共责任都是前城邦时代所没有的。

于是我们看到，社会结构的改变，导致了个体生活与生命归属的变迁。在雅典城邦中，一个雅典人终其一生都是

---

〔21〕尤其值得一提的是，在民主的雅典城邦，每一个族盟都有共同的宗教生活与仪式，其共同性建立在以土地为联系而拥有的共同的祭坛上。

〔22〕但另一方面，城邦不需要家庭不能负担的多余的公民，这往往是后来殖民的一个目的。参见本书第二章脚注〔16〕。

〔23〕修昔底德，《伯罗奔尼撒战争史》2.44.3。

他家庭的一部分；作为孩子，他被家长（往往主要是他的父亲）接纳，而后被记为其家庭所属的族盟的成员。他长大后，城邦开始对他提出要求，他接受军事训练，并且按规定服役，作为义务，他为家庭一样的城邦战斗。参加军事战争是他获取政治身份的基础。至于公民身份，是他的原生家庭为他提供了最初基础，而城邦又为家庭提供了其政治参与的正当性源头。

在这一过程中，城邦对个人的要求并未摧毁个人与其家庭的所有联系，而是以更积极的方式将整个家庭都纳入了政治生活的范畴。正如我们在第二章所见，生活在公元前5世纪，即便贵族如品达也必然通过家庭受到城邦生活的影响。在这样的进程中，个人、家庭与城邦的关系越来越密切了。

那么，这是否意味着，家庭中的父亲、孩子与母亲、奴隶有着同样的责任，对家庭和城邦承担同样的义务？由于在这个典型的父系社会中，父子之间是代际传承的关系，因此儿子在成人后，将拥有与父亲一样的公民身份、权利以及义务；而奴隶，作为没有政治权利的群体，显然不可能享受自由人的权利并承担自由人的义务。那么，剩下的一个群体便是家庭中的女人了。

女人在民主雅典：在婚姻诸事中，雅典的女人并非像许多人想象的那样，是绝对的弱者。相反，她们受到了法律很好的保护。但需要注意的是，无论是权利还是保护，都限定在一个极为有限的私人领域，即男人主导下的家庭与婚姻，

而女人几乎没有选择婚姻的自由。[24]一般的习俗是，家中的男人为他的女儿甚至姐妹处置婚姻。女孩没有嫁妆是不能出嫁的，因此，嫁妆需要由她的父家（κύριος）提供，这就是为何父亲成为女儿婚姻的主导者。婚后，女人有更多的主导权，例如她有更多的权利去决定她那一份财产。比起受到牵制的结婚，雅典的女人比丈夫有着更多的权利与对方离婚。在所有离婚的情况中，女人的嫁妆需要由男方还给她的父家，而丰沛的嫁妆则是保护女人不被要求离婚的有力保障。

男人和女人住在一起（συν-οικεῖν）对于希腊而言就是结婚[25]，生子则是结婚的首要目的。色诺芬的苏格拉底是这样说的："当然，你不会认为男女生孩子是为了两性的愉悦，因为大街上到处都是可以满足这一口味的人，就像妓院一样？不，很清楚的是，我们找到女人是为了生出最优秀的孩子。"[26]因此，孩子是形成家庭最重要的一部分，他/她之所以总在母亲/女人之前被提及，也是由于这一点，"母亲"这个身份也因孩子而确定下来。在整个常规的婚姻与生

---

〔24〕也有少数例外情况。例如希罗多德与普鲁塔克对此的记载：一是客蒙的妹妹厄尔皮尼斯（Elpinice）自己决定的婚姻，还有就是庇西斯特拉图（Peisistratus）的女儿相传与爱人两情相悦而成婚。参见希罗多德，《历史》Ⅵ. 122；普鲁塔克，《客蒙篇》Ⅳ. 7。不过值得注意的是，即使是这少有的情况，也发生在社会最高层，那个阶层的女人有着比普通的女人更多的独立性。参见 Lacey（1968）107 的分析。

〔25〕例如德摩斯梯尼，《诉阿弗布斯》（*Against Aphobus*）XXVII. 45 中记载，德莫弗涅（Demophone）将他未成年的妹妹许配出去时说："虽然他还没有和我妹妹住在一起。"（οὖπω μέλλοντι...συνοικήσειν）

〔26〕色诺芬，《回忆苏格拉底》Ⅱ. 2. 4。

育中，最重要的是确定孩子出生的合法性。孩子获得合法身份是由其父亲承认的，他为孩子取名。孩子如果没有合法身份或是私生子，那么他将不会取得完全的公民身份与权利，甚至被当作外乡人（ξένος）[27]，这正是《伊翁》中的伊翁以及《酒神的伴侣》中的狄奥尼索斯面临的困境。孩子是女人权利的边界，在处理涉及公共世界的问题时（例如起名），女人就立即处于不在场的境况了。

在另一层面，女人几乎完全被拒于公共世界之外，只能生活在以家庭为中心的私人世界中。伯里克利的公民法严格限制了女人的社交活动。色诺芬写到伊斯克玛古斯（Ischomachus）之妻生活在"严苛的监管下，这样她可以尽可能少地看，尽可能少地听，尽可能少地发现……她只知道在她的纺布机上工作……不过她也真的受到很好的烹饪训练，这在我看来是最重要的成就，无论是对男人还是对妻子而言"。[28]而其他众多演说者也都提到，妻子们从不与她们的丈夫外出用餐，甚至在有男宾来访时，她们也不与丈夫共同接待，除非那位男宾是她们的亲戚。在任何会饮场合中，女人都是不得出席的。[29]对于已婚的女人而言，一个好的

---

[27] 这是阿里斯托芬在《鸟》（1641—1649）中的一个戏谑的说法，私生子（νόθοι）当然与异乡人（ξένοι）不一样，但这里要强调的是"异乡人"所带有的外来者的意味，它意味着"一个外来者被允许进入这个圈子，但他并不是他们中的一员"。

[28] 色诺芬，《齐家》Ⅶ.5—6。

[29] 会饮期间，自由身份的女人们待在为她们预留的屋内。在柏拉图的《会饮篇》中，女人们待在院子里（176e5）。

持家者意味着要勤俭节约，并且担负起家中纺织的工作，这些是为人妻者最重要的责任与美德。而所有这些活动都要求女人待在家中，这一状况甚至导致一些演说家在演说对象的考虑上完全忽视了她们（例如我们已经看到的伯里克利的讲辞）。但这并不意味着妻子们从不出门，而只是表示她们所有的活动都与公共世界——或者说，政治世界——无关。我们可以见到女人们与女仆们出门散步，她们带着纺纱篮；老一些的妇女还会参加其他女人的劳动，或是出席葬礼。不过我们看到，无论哪一种情况，她们的出现都仅仅出于私人目的，而不关乎公共政治生活。

由此可见，雅典的女人，虽然与雅典的男人一样属于家庭而被视为城邦的一部分，他们却有着完全不同的归属与存在。她们的身份只在私人领域得到承认，而不可能出现在公共的政治领域。在民主的雅典城邦，男人与女人的区别，可以说是政治与非政治的区别，他们属于两个不同的领域，亦即罗茹所提到的他们分属不同的"族类"（γένος）。因此，城邦中没有女性的雅典公民，只有雅典公民的女儿们和妻子们。当说到"家庭属于城邦"时，在更精细的层面上看，它其实有着两层不同的意思：第一，是家庭中所有的人属于雅典城邦，他们都生活在雅典的民主制度下；第二，也是更重要的一层，则是在这一民主制度下，并非所有的人都是政治的人，或"雅典公民"，家庭中的男性参与到城邦政治中，他们通过家庭与城邦的关系，成为城邦的一分子；而女人则属于私人领域，她虽然身在雅典民主制度之中，其身份与位置却在此之外——这是雅典的民主制本身所决定的。

因此，概括而言，雅典城邦社会有着三个不可忽视的核心特征。第一，公民个人独立且平等地参与到公共生活；第二，希腊人对公民权资格严格限制；第三，妇女被排除在外，她们不能以任何形式直接参与政治或政府活动。因而，严格地说，象征着公共生活的城邦里，没有完整的家庭，或者说政治城邦中只存在没有女人参与的家庭——它的政治活动只容纳了雅典男性公民的参与，因此雅典男性既是唯一获得政治身份的雅典公民，又是唯一严格意义上的雅典人。

需要注意的是，城邦的公民与前城邦社会的最大不同，在于他们摆脱了家庭关系的束缚，拥有了独立的个体性身份以及与城邦直接的关联。这不仅标志着民主城邦的建立，更重要的是，它为民主意识形态的形成奠定了基础。不难发现，这样的特征的确与"地生人"的神话语境不谋而合。这或许可以解释为何在雅典民主政治意识的宣扬中"地生人"神话可以被纳入论证的话语体系。雅典的政治现实为"地生人"神话的流行提供了相当适宜的土壤，这也为其找到神话与政治的契合点做好了充分的准备。那么神话如何影响民主政治？这个问题需要我们首先对雅典人实践其民主制度的现实有所把握，因而接下来将要讨论的是雅典民主制中的公民们。

三　民主制中的公民们

　　雅典民主政治的基础可以说是奠定在一个非常实际的空间因素上：小国寡民的熟人社会。由于雅典面积狭小，男性公民人数稀少，因而这些居住其中的人们，过着一种典型的地中海式的生活，有学者称古代雅典是面对面（face-to-face）社会的典型。[30]这样的社会有着诸多特点。例如，社会中主要使用口语而非书面语言，领袖和群众之间保持着密切的联系。由于政治领袖缺乏能够保密的文件，也缺乏能够控制的媒体，因此必然和他们的选民保持着直接而紧密的联系。另一个也是更重要的特点，是公民直接参与政治。我们在前面的讨论中已经提到，随着城邦的发展，公民从宗族的束缚中解放出来，自然而然地开始以个人身份参与到城邦的政治生活之中。在实践上，此时对有关政府活动的各个方面享有最终决定权的，一个是六千人大会，即年满18岁且在规定日子里选择出席的公民的集会。[31]另一个是五百人议会，定时按村社为单位抽签选举。无论是六千人大会还是五百人议会，它们都直接在最基层的社会结构中接受公民的参与。[32]这些大会的参与人每年轮换，由此，从理论上讲，几乎所有雅典公民都有熟悉国家日常管理的机会。这一点便与前城邦社会形成极大的不同。由

---

〔30〕Finley（1973）17, Connor（1996）217.

〔31〕Finley（1973）17–18.

〔32〕Finley（1973），19。

于公民对政治有着极高的参与度，因而集会是当时最大的政治场所之一。无论是政派之间的争夺还是决议的落实，都在集会的公民手中做出最后的裁决。裁决很大程度上依赖于演讲的感染力，因为所有的问题，需要在当天的会议上做出决定。所以无论领导者是什么人，他们不仅必须在民众间进行策动，而且被迫以一种非常即时的方式调动民众的支持以达到各种目的。这是为何演讲集会与修辞术在雅典城邦中如此流行与受到重视。

那么，为何公民可以拥有如此大的权力？最重要的原因在于：雅典几乎连年征战。这意味着，战争，成为雅典政治中最大的事情。由于雅典的社会结构是由公民—士兵组成的，因而，做出战争决策的人，就是那些直接参与战争的人。他们中间有指挥官也有基层人民（即那些拥有少量财产、组成重装步兵的人），甚至还有充任战舰水手的穷人。保护城邦，为城邦争取更大领土、财富与利益的人，就是那些直接参与政治生活的人；正是战争为这些从宗族中独立出来的个体获得了政治参与权。但是，还有一个问题在于，为何公民如此看重参战为他们带来的政治权利？——换言之，是什么赋予了一个政权合法性？或更具体地说，一个公民，除惩罚的威胁外，为什么认为参战、缴税等命令对他具有约束力？

要回答这个问题，我们就必须提到一个几乎无可争辩的事实：雅典这个稳定的希腊城邦长期地维持了广泛的政治忠诚。从许多文本中我们都看到，希腊人尤其雅典人非常认同的一个观念是，良好的生活只有在城邦中才得以可能。一个善人（good man）与一个好公民大体是同义词；正确的政治判断应当根据有助于提升良好生活的原则来确定。[33]这是一种政治美德，而全面的政治美德的极限，乃在于平等地、一人一票地参与决定政治议题。因而，政治美德是一个不可忽视的概念。公民对其权利与责任的认可，除了现实物质层面上的保证与利益，也是维持精神的必要条件。这一广泛的公民责任感也成为使所有公民团结一致、追求同一的核心纽带。它充斥着整个城邦生活，塑造了以"地生人"为中心的意识形态，并在城邦政治的实践中将其发挥出来。这是雅典这个处于特殊的时间与空间中的共同体独一无二的内在动力。

---

[33] 参见 MacIntyre（1981）第十一章："The Virtues at Athens"。关于政治义务，柏拉图的《克力同》中有着非常精彩的呈现，即苏格拉底坚定地拒绝克力同要其逃跑的建议。在他看来，任何已经选择终其一生为其居民和公民，而且已经在议事会服务并履行军役的人，应同意服从合法权威的法律和决定。所以，不服从的行为，即使不服从的是不公正的决定，在道德上也是错误的。

参考文献

荷马，《奥德赛》，王焕生译，人民文学出版社，2008。

荷马，《伊利亚特》，罗念生译，上海人民出版社，2004。

赫西俄德，《工作与时日》《神谱》，张竹明、蒋平译，商务印书馆，1996。

刘小枫，《柏拉图的〈会饮篇〉》，华夏出版社，2003。

路德维西（Ludwig, P. W.），《〈会饮篇〉中的爱欲与法律》，载于张文涛编《神话诗人柏拉图》，华夏出版社，2010。

马特（Mattéi, J. F.），《柏拉图与神话之镜：从黄金时代到大西岛》，吴雅凌译，华东师范大学出版社，2008。

孙瑞丽，《公共葬礼演说与雅典城邦认同的建构》，华中师范大学硕士论文，2007。

王以欣，《古希腊神话与土地占有权》，《世界历史》2002 年第 4 期。

王以欣，《神话与历史》，商务印书馆，2005。

吴雅凌，《神谱笺释》，华夏出版社，2010。

亚里士多德，《政治学》，吴寿彭译，商务印书馆，1997。

Annas, J. (1981). *An Introduction to Plato's Republic*. Oxford: Clarendon Press.

Benardete, S. (1989). *Socrates' Second Sailing: on Plato's Republic*. Chicago: University of Chicago Press.

Bérard, C. (1974). *Anodoi: essai sur l'imagerie des passages chthoniens*. Rome: Institut suisse de Rome.

Bloch, M. (1982). Death, Woman and Power. In Parry, J. & Bloch, M. (eds.). *Death and the Regeneration of Life*. Cambridge: Cambridge University Press.

Blok, J. H. (2009) a. Perikles' Citizenship Law: a New Perspective. In *Historia: Zeitschrift für alte Geschichte*, *58* (2), 141–170.

Blok, J. H. (2009) b. Gentrifying Genealogy: on the Genesis of the Athenian Autochthony Myth. In Dill, U. &Walde, C. (eds.). *Antike Mythen: Medien, Transformationen und Konstruktionen*, 251–275. Berlin and New York: Walter de Gruyter.

Bloom, A. (1968). *The Republic of Plato*. Translated with Notes and an Interpretive Essay. New York and London: Basic Books.

Bowra, C. M. (1957). *The Greek Experience*. New York: New American Library.

Bowra, C. M. (1964). *Pindar*. Oxford: Clarendon Press.

Brisson, L. (1998). *Plato the Myth Maker*. Chicago and London: University of Chicago Press.

Brown, N. O. (1951). Pindar, Sophocles, and the Thirty Years' Peace. In *Transactions and Proceedings of the American Philological Association*, *82*, 1–28.

Burkert, W. (1991). *Greek Religion: Archaic and Classical*. Raffan, J. (trans.). John Wiley & Sons. Incorporated.

Burn, A. R. (1960). *The Lyric Age of Greece*. London: E. Arnold.

Burnett, A. P. (1962). Human Resistance and Divine Persuasion in Euripides' "Ion". In *Classical Philology*, *57* (2), 89–103.

Burnyeat, M. F. (1992). Utopia and Fantasy: The Practicability of Plato's Ideally Just City. In Hopkin, J. & Savile, A. (eds.), *Psychoanalysis Mind and Arts*. Oxford: Basil Blackwell.

Calame, C. (2011). Myth and Performance on the Athenian Stage: Praxithea, Erechtheus, Their Daughters, and the Etiology of Autochthony. In *Classical Philology*, *106* (1), 1–19.

Carmola, K. (2003). Noble Lying: Justice and Intergenerational Tension in Plato's "Republic". In *Political Theory*, *31* (1), 39–62.

Carter, M. F. (1991). The Ritual Functions of Epideictic Rhetoric: The Case of Socrates' Funeral Oration. In *Rhetorica*, *9* (3), 209–232.

Castellani, V. (1976). That Troubled House of Pentheus in Euripides' Bacchae. In

Transactions of the American Philological Association, 106, 61–83.

Ceuppens, B., & Geschiere, P. L. (2005). Autochthony: Local or Global? New Modes in the Struggle over Citizenship and Belonging in Africa and Europe. In *Annal Reviews of Anthropology, 34,* 385–407.

Clairmont, C. W. (1984). Patrios Nomos: Public Burial in Athens during the Fifth and Fourth Centuries BC, The Archaeological, Spigraphic-Literary and Historical Evidence. In *BAR International Series,* No. 161. Oxford: BAR.

Clements, J. H. (2015). *Visualizing Autochthony: The Iconography of Athenian Identity in the Late Fifth Century BCE.* PhD dissertation. John Hopkins University.

Cohen, B. (2001). Ethnic Identity in Democratic Athens and the Visual Vocabulary of Male Costume. In Malkin, I. (ed.). *Ancient Perceptions of Greek Ethnicity,* 235–274. Cambridge, Washington, D. C.: Center for Hellenic Studies.

Connor, W. R. (1996). Civil Society, Dionysiac Festival, and the Athenian Democracy. In Ober, J. & Hedrick, C. (eds.). *Dēmokratia: a Conversation on Democracies, Ancient and Modern.* Princeton: Princeton University Press.

Detienne, M. (2001). The Art of Founding Autochthony: Thebes, Athens, and Old-Stock French. In *Arion: A Journal of Humanities and the Classics, 9*(1), 46–55.

Detienne, M. (2005). Anthropology and Classics. In *Arion: A Journal of Humanities and the Classics, 13*(1), 63–74.

Dodds, E. R. (1960). *Euripides Bacchae: Edited with Introduction and Commentary.* Oxford: Clarendon Press.

Dowden, K. (1992). *The Uses of Greek Mythology.* London: Routledge.

DuBois, P. (1988). *Sowing the Body Psychoanalysis and Ancient Representations of Women.* Chicago: University of Chicago Press.

DuBois, P. (1992). Eros and the Woman. In *Ramus, 21*(1), 97.

Fauth, W. (1964). Athena. In Ziegler, K. & Sontheimer, W. (eds.). *Der kleine Pauly.* vol. 1, col. 681–686. Stuttgart.

Ferguson, J. (1981). The Ethics of the *Gennaion Pseudos,* In *Liverpool Classical Monthly, 6,* 259–267.

Finley, M. I. (1952). *Studies in Land and Credit in Ancient Athens, 500–200 B.C.: The*

Horos-Inscriptions. New Brunswick, N. J.: Rutgers University Press.

Finley, M. I. (1973). *The Ancient Economy*. California: University of California Press.

Finley, M. I. (1983). *Politics in the Ancient World*. Cambridge: Cambridge University Press.

Finley, M. I. (1991). *The World of Odysseus* (2nd ed., Pelican books). Harmondsworth: Penguin.

Fischer, C. (2014). Women, Change, and the Birth of Philosophy. In *Gendered Readings of Change: a Feminist-Pragmatic Approach*, 15–44. New York: Palgrave Macmillan.

Fisher, R. K. (1992). The "Palace Miracles" in Euripides' Bacchae: A Reconsideration. In *The American Journal of Philology, 113*(2), 179–188.

Forde, S. (1986). Thucydides on the Causes of Athenian Imperialism. In *American Political Science Review, 80*(2), 433–448.

Forsdyke, S. L. (2012). "Born from the Earth": The Political Uses of an Athenian Myth. In *Journal of Ancient Near Eastern Religions, 12*(1), 119–141.

Geschiere, P. (2009). *The Perils of Belonging: Autochthony, Citizenship, and Exclusion in Africa and Europe*. Chicago: University of Chicago Press.

Goff, B. (1988). Euripides' Ion 1132–1165: the Tent. In *The Cambridge Classical Journal, 34*, 42–54.

Goldhill, S. (1986). *Reading Greek Tragedy*. Cambridge: Cambridge University Press.

Goldhill, S. (1988). Doubling and Recognition in the Bacchae. In *Mètis. Anthropologie des mondes grecs anciens, 3*(1), 137–156.

Goldhill, S. (1992). *Aeschylus: The Oresteia*. Cambridge: Cambridge University Press.

Gotteland, S. (2001). L'origine des cités grecques dans les discours athéniens. In Fromentin, V. & Gotteland, S. (eds.). *Origines Gentium*, 79–93. Bordeaux: Edition Ausonius.

Herington, C. J. (1963). Athena in Athenian Literature and Cult. In *Greece & Rome, 10*, 61–73.

Holst-warhaft (1992). *Dangerous Voices: Women's Laments and Greek Literature*. London and New Yort: Routledge.

Hyland, D. A. (1988). Taking the Longer Road: The Irony of Plato's "Republic". In *Revue de Metaphysique et de Morale*, 317–335.

Isaac, B. (2004). *The Invention of Racism in Classical Antiquity*. Princeton: Princeton University Press.

Jacoby, F. (1944). Patrios Nomos: State Burial in Athens and the Public Cemetery in the Kerameikos. In *The Journal of Hellenic Studies, 64*, 37–66.

Kennedy, R. F. (2014). *Immigrant Women in Athens: Gender, Ethnicity, and Citizenship in the Classical City*. New York: Routledge.

Knox, B. M. W. (1971). *Euripidean Comedy*. New Brunswick: Rutgers University Press.

Lacey, W. K. (1968). *The Family in Classical Greece*. Ithaca, New York: Cornell University Press.

Lambert, S. D. (2008). Aglauros, the Euenoridai and the Autochthon of Atlantis. In *Zeitschrift für Papyrologie und Epigraphik, 167*, 22–26.

Lape, S. (2010). *Race and Citizen Identity in the Classical Athenian Democracy*. Cambridge: Cambridge University Press.

LaRue, J. A. (1968). Prurience Uncovered: The Psychology of Euripides' Pentheus. In *The Classical Journal, 63* (5), 209–214.

Leão, D. F. (2012). The Myth of Autochthony, Athenian Citizenship and the Right of Enktesis: A Legal Approach to Euripides' Ion. In *Symposion, 23*, 135–152.

Lloyd-Jones. H. (1975). *Female of the Species: Semonides on Women with Photographs by Don Honeyman of Sculptures by Marcelle Quinton*. London: Noyes Press.

Loraux, N. (1986). *The Invention of Athens: The Funeral Oration in the Classical City*. Sheridan, A. (trans.). Cambridge: Harvard University Press (org. in French. 1981).

Loraux, N. (1987). *Tragic Ways of Killing a Woman*. Forster, A. (trans.). Cambridge: Harvard University Press (org. in French. 1985).

Loraux, N. (1993). *The Children of Athena: Athenian Ideas about Citizenship and the Division between the Sexes*. Levine, C. (trans.). Princeton: Princeton University Press (org. in French. 1981).

Loraux, N. (1995). *The Experiences of Tiresias: the Feminine and the Greek Man.* Wissing, P. (trans.). Princeton: Princeton University Press (org. in French. 1990).

Loraux, N. (1998). *Mothers in Mourning: With the Essay of Amnesty and Its Opposite.* Pache, C. (trans.). Ithaca, N.Y.; London: Cornell University Press (org. in French. 1990) .

Loraux, N. (2000). *Born of the Earth: Myth and Politics in Athens* (*Myth and Poetics*). Stewart, S. (trans.). Ithaca: Cornell University Press (org. in French. 1996).

Loraux, N. (2002) a. *The Divided City: On Memory and Forgetting in Ancient Athens.* Pache, C. & Fort, J. (trans.). New York: Zone Books (org. in French. 1997).

Loraux, N. (2002) b. *The Mourning Voice: An Essay on Greek Tragedy.* Rawlings, E. T. (trans.). Ithaca; Cornell University Press (org. in French. 1999).

Ludwig, P. W. (2002). *Eros and Polis: Desire and Community in Greek Political Theory.* Cambridge: Cambridge University Press.

Luyster, R. (1965). Symbolic Elements in the Cult of Athena. In *History of Religions*, *5*(1), 133–163.

MacIntyre, A. (1981). *After Virtue: A Study in Moral Theory.* London: Bloomsbury Academic.

Manville, P. B. (2014). *The Origins of Citizenship in Ancient Athens* (Vol. 1058). Princeton: Princeton University Press.

Marder, E. (2014). Pandora's Fireworks; or, Questions Concerning Femininity, Technology, and the Limits of the Human. In *Philosophy & Rhetoric, 47*(4), 386–399.

Markovits, E. (2008). *The Politics of Sincerity: Plato, Frank Speech, and Democratic Judgment.* University Park, Pa: Pennsylvania State University Press .

Monoson, S. S. (1994). Citizen as Erastes: Erotic Imagery and the Idea of Reciprocity in the Periclean Funeral Oration. In *Political Theory, 22*(2), 253–276.

Morrison, D. R. (2007). The Utopian Character of Plato's Ideal City. In G. R. F. Ferrari (ed.). *The Cambridge Companion to Plato's Republic.* Cambridge: Cambridge University Press.

Mueller, M. (2010). Athens in a Basket: Naming, Objects, and Identity in Euripides' Ion. In *Arethusa, 43*(3), 365–402.

Neils, J. (2007). Myth and Greek Art: Creating a Visual Language. In Woodard, R.

D. (ed.). *The Cambridge Companion to Greek Mythology*. Cambridge: Cambridge University Press.

Nielsen, T. H. (2002). *Arkadia and Its Poleis in the Archaic and Classical Periods*. Göttingen: Vandenhoeck and Ruprecht.

Nielsen, T. H. (2004). Arkadia. In Hansen, M. H. & Nielsen, T. H. (eds.). *An Inventory of Archaic and Classical Poleis*, 505–539. Oxford: Oxford University Press.

Nimis, S. A. (2007). Autochthony, Misogyny, and Harmony: Medea 824–845. In *Arethusa*, *40* (3), 397–420.

Okin, S. (1979). *Women in Western Political Thought*. Princeton: Princeton University Press.

Osborne, R. (1997). Law, the Democratic Citizen and the Representation of Women in Classical Athens. In *Past & Present*, *155*, 3–33.

Osborne, R. (2007). Did Democracy Transform Athenian Space?. In *British School at Athens Studies*, *15*, 195–199.

Otto, W. F. (1981). *Les dieux de la Grèce. La figure du divin au miroir de l'esprit grec*. Payot.

Page, C. (1991). The Truth about Lies in Plato's "Republic" . In *Ancient Philosophy*, *11* (1), 1–33.

Parker, R. (1987). Myths of Early Athens. In Bremmer, J. (ed.). *Interpretations of Greek mythology*. London: Croom Helm.

Pelling, C. R. (2009). Bringing Autochthony Up-To-Date: Herodotus and Thucydides. In *Classical World*, *102* (4), 471–483.

Popper, K. (1952). *The Open Society and Its Enemies* (2nd ed., rev. ed.). London: Routledge & Kegan Paul.

Pucci, P. (1977). *Hesiod and the Language of Poetry*. Baltimore: Johns Hopkins University Press.

Raaflaub, K. A. (1998). *Democracy, Empire, and the Arts in Fifth-Century Athens*. Cambridge, Mass.: Harvard University Press.

Race, W. H. (1997). *Pindar: Olympian Odes, Pythian Odes* (Vol. 1). Cambridge,

Mass.: Harvard University Press.

Räuchle, V. J. (2015). The Myth of Mothers as Others. Motherhood and Autochthony on the Athenian Akropolis. In *Cahiers «Mondes anciens». Histoire et anthropologie des mondes anciens*, 6, 1–24.

Rosen, S. (2005). *Plato's Republic: a Study*. New Haven: Yale University Press.

Rosivach, V. J. (1987). Autochthony and the Athenians. In *The Classical Quarterly (New Series). 37*(2), 294–306.

Roy, J. (2014). Autochthony in Ancient Greece. In Mclnerney, J. (ed.) *A Companion to Ethnicity in the Ancient Mediterranean*, 241–255. Malden, MA. and Oxford: Wiley Blackhell.

Rutherford, R. B. (2011). The Use and Abuse of Irony. In Obbink, D. & Rutherford, R. (eds.). In *Culture In Pieces: Essays on Ancient Texts in Honour of Peter Parsons*, 84. Oxford: Oxford University Press.

Sanders, K. A. (2014). *The Concept of Autochthony in Euripides' Phoenissae* (Doctoral dissertation). Austin: University of Texas.

Saxonhouse, A. (1986). Myths and the Origins of Cities: Reflections on the Autochthony Theme in Euripides' Ion. In Euben, J. P. (ed.). *Greek Tragedy and Political Theory*, 252–273. California: University of California Press.

Schechner, R. (1968). In Warm Blood: "The Bacchae" . In *Educational Theatre Journal*, 415–424.

Scheer, T. (2010). "They that Held Arkadia" : Arcadian Foundation Myths as Intentional History in Roman Imperial Times. In Foxhall, L., Gehrke, H-J., & Luraghi, N. (eds.). *Intentional History: Spinning Time in Ancient Greece*, 273–298. Stuttgart: Franz Steiner.

Scheer, T. (2011). Ways of Becoming Arkadian: Arkadian Foundation Myths in the Mediterranean. In Gruen, E. S. C. (ed.), *Cultural Identity in the Ancient Mediterranean*, 11–25. Los Angeles: Getty Research Institute.

Schofield, M. (2007). The Noble Lie. In Ferrari, G. R. F. (ed.). *The Cambridge Companion to Plato's Republic*. Cambridge: Cambridge University Press.

Scodel, R. (2006). Aetiology, Autochthony, and Athenian Identity in Ajax and Oedipus

Coloneus. In *Bulletin of the Institute of Classical Studies*, *49* (S87), 65–78.

Sebillotte-Cuchet, V. (2006). *Libérez la patrie! Patriotisme et politique en Grèce ancienne*. Paris: Editions Belin.

Segal, C. (1999). Euripides' Ion: Generational Passage and Civic Myth. In *Bucknell Review*, *43* (1), 67–108.

Segal, C. & Gibbons, R. (2001). *Bakkhai* (*Greek tragedy in new translations*). Cary: Oxford University Press.

Shapiro, H. A. (1991). The Iconography of Mourning in Athenian Art. In *American Journal of Archaeology*, 629–656.

Shapiro, H. A. (1998). Autochthony and the Visual Arts in Fifth-Century Athens. In Boedeker, D. D. (ed.). *Democracy, Empire, and the Arts in Fifth-Century Athens*. Cambridge, Mass.; London : Harvard University Press.

Shaw, M. (1975). The Female Intruder: Women in Fifth-Century Drama. In *Classical Philology*, *70* (4), 255–266.

Shear, J. L. (2013). "Their Memories Will Never Grow Old": The Politics of Remembrance in the Athenian Funeral Orations. In *The Classical Quarterly*, *63* (2), 511–536.

Sissa, G. (1990). *Greek Virginity*. Goldhammer, A. (trans.). Cambridge, Mass.; London: Harvard University Press.

Sokolon, M. K. (2013). Euripides' Ion: Identity, Legitimacy and the Ties that Bind. In Ward, A. (ed.). *Socrates and Dionysus: Philosophy and Art in Dialogue*. New Castle-upon-Tyne: Cambridge Scholars Publishing.

Strauss, L. (1964). *The City and Man*. Chicago: University of Chicago Press.

Surtees, A. (2018). Autochthonous Landscape and Female Exclusion in the Athenian Democracy. In Tsakiropoulou-Summers, T. & Kitsi-Mitakou, K. (eds.). *Women and the Ideology of Political Exclusion: from Classical Antiquity to the Modern Era*, 120–135. London: Routledge.

Taylor, A. E. (1956). *Plato: the Man and His Work*. New York: Meridian.

Tzanetou, A. (2005) A Generous City: Pity in Athenian Oratory and Tragedy. In Sternberg, R. H. (ed.). *Pity and Power in Ancient Athens*. Cambridge: Cambridge

University Press.

Van Noorden, H. (2010). "Hesiod's Races and Your Own": Socrates Hesiodic Project. In Boys-Stones, G. R. & Haubold, J. H. (eds.). *Plato and Hesiod*, 176–200. Oxford: Oxford University Press.

Vian, F. (1963). *Les origines de Thèbes: Cadmos et les Spartes*. Paris: C. Klincksieck.

Vlastos, G. (1964). Isonomia Politike. In Mau, J. & Schmidt, E. G. (eds.). *Isonomia: Studien zur Gleichheitsvorstellung imgriechischen Denken*, 27–29. Berlin: Akademie-Verlag.

Warner, M. (2000). *Monuments and Maidens: The Allegory of the Female Form*. California: University of California Press.

West, M. L. (1988). *Hesiod: Theogony and Works and Days*. Translated with an Introduction and Notes. Oxford: Oxford University Press.

Wiles, D. (1987). Reading Greek Performance. In *Greece and Rome, 34* (2), 136–151.

Williams, D. (2013). Plato's Noble Lie: From Kallipolis to Magnesia. In *History of Political Thought, 34* (3), 363–392.

Wohl, V. (2002). *Love among the Ruins: the Erotics of Democracy in Classical Athens*. Princeton: Princeton University Press.

Zacharia, K. (2003). *Converging Truths: Euripides' Ion and the Athenian Quest for Self-definition*. Leiden: Brill.

Zeitlin, F. I. (1978). The Dynamics of Misogyny: Myth and Mythmaking in the "Oresteia". In *Arethusa, 11* (1), 149.

Zeitlin, F. I. (1982). *Under the Sign of the Shield: Semiotics and Aesychylus' Seven against Thebes*. Roma: Edizioni dell' Ateneo.

Zeitlin, F. I. (1989). Mysteries of Identity and Designs of the Self in Euripides' *Ion*. In *The Cambridge Classical Journal, 35*, 144–197.

Zeitlin, F. I. (1990). Thebes: Theater of Self and Society in Athenian Drama. In Zeitlin, F. I. et al. (eds.). *Nothing to do with Dionysos?*. 130–167, Princeton: Princeton University Press.

Zeitlin, F. I. (1996). *Playing the Other: Gender and Society in Classical Greek Literature*. Chicago: University of Chicago Press.

后　记

追溯起来，这本小书与我的渊源大约有十年之久。十年前，我从重庆考入中山大学博雅学院，开始了我对古希腊文明的探索之旅；十年后，这趟旅程中的一道风景得以呈现于诸君面前。

"地生人"的研究实实在在得益于博雅的古典教育。第一年阅读荷马与赫西俄德时备感艰深晦涩，学习古希腊文与拉丁文耗尽心力，但也正是这艰难的开头为我打开了古希腊文明的大门。说来比较好笑，古希腊研究其实并不是我最初的志向。惭愧得很，在大一之前我对古希腊的理解几近于零。之所以转向古希腊研究，很大部分是源于一个美妙的误会：我们本科生每个月被要求写一篇5000字的读书报告，书籍任选，而我朋友推荐我阅读的第一本书是芬利主编的《希腊的遗产》，于是稀里糊涂的我便以此为对象，写出了本科的第一篇读书报告。报告自然是写得乱七八糟，但当时我们的院长甘阳老师却因此"欣喜"地发现了一个"对古希腊感兴趣的人"，于是我也就顺理成章地成为古希腊方向的"重点发展对象"（其实学院里的每个人都是某个方向的"重点发展对象"）。受到鼓舞，我对古希腊的东西便越来越上心，而由此，也越来越能发掘其中的乐趣。

本科第四年寒假之前，甘阳老师与学生们谈话。轮到我时，他递给我三本复印的书，让我回去翻翻。接过书，我顿时茫然：三大本英文原著，且不说内容如何，就连题目都看不懂！诚惶诚恐，我接下书，心里打鼓。你们或许已经猜到，这三本书就是罗茹"地生人"三部曲的英文译本。我带着沉甸甸的书回了重庆，然后在春节期间见缝插针地读了起来。说实话，这几本书对于当时的我而言，着实难读。一方面，尽管我们年年训练英文阅读，但要在短时间内掌握一个陌生的学术研究的确不易；另一方面，罗茹的写作本身有着一种特殊而复杂的法式表达，要理解她整体的写作旨趣实在需要花费好些功夫。于是，读一遍不行，就读了两遍，有些地方反反复复读了三四遍，这才搞明白书中要义。尽管甘阳老师只是让我回去"翻翻"，并没有做更多要求，但出于对已然辛勤劳作的怜惜，我决定还是写点什么，好把好不容易读完的书做个记录——以免一过年就忘得一干二净了。于是，我自作多情地写了一篇 1 万字的读书报告，对三本书做了简要的讨论。

春节之后回校，我向甘阳老师上交了那篇读书报告，作为读书的反馈。出人意料的是，原本只是一时兴起的写作成了后来本科毕业论文的蓝本。受甘阳老师指导，读书报告得以扩充，在保留对罗茹三本书的介绍的基础上，又增添了我自己对"地生人"主题的解读。于是，在经过大半个学期的写作之后，5 万字的论文初稿在 2013 年 4 月得以完成。眼望 6 月毕业，我加紧了修改的进程，在修改整整 7 稿后，论文最终定稿。这 7 稿并非我一人心血，而是有着甘阳老师时时刻刻的悉心教导。他不仅在每一稿之后给我提出十分具体的修改意见，甚至还在最后一稿时亲自督促我在电脑前逐字逐句地修订。我通过"地生人"的毕业论文学到的绝不仅仅是一个具体的论文题目，更重要的，是一位学者治学时应有的严谨态度。

与"地生人"的缘分并未就此结束。我在剑桥读博期间又重拾了这个话题，将其作为我博士论文的一个讨论主题。当然，博士论文与本科论文有着根本的不同，我的写作方向也发生了重大的变化。但也正是这一持续的探索鼓舞了我再度思考本科毕业论文，并决定将其付梓出版。于是，在读博士的四年里，我又陆陆续续对本科论文进行了修改，又经六七稿的修订与增订，于今日定稿。

此时正值我博士毕业，也同时是我博雅入学十周年，不免让人感慨。我十分感激一路陪我同行的恩师益友，没有他们的教导和鼓励，我恐怕是无法在古希腊研究的道路上如此坚定地前行的。我尤其感谢甘阳老师，是他将我引入古希腊文明的殿堂，也是他为我点亮了学术之路的明灯。我感谢博雅以及剑桥的同学们，他们不厌其烦地听我絮叨我的研究，并慷慨地为我提出意见与建议。我还要特别感谢我的先生王健，他是我所有稿件的第一位读者，他的反馈往往让我意识到我的不足，他也教会我如何与非专业的读者对话。这是一本关于生育、性别、家庭与社会的书，我要感谢我新出生的孩子准准，因为他，我更加理解何为生育、为何生育。
准准是母亲生的——他出生在一个非常传统的中国家庭。刚
满两个月的他不会想到世界上还会有"地生人"这样的奇思，
但我相信，总有一天，他会为这古灵精怪的想法而惊异，同
时庆幸，他不是"地生人"，而是有生他养他并爱着他的母
亲和父亲。

颜　获

2019 年 6 月 13 日　于剑桥